福建省服務海西重大研究項目、國家社科基金重大項目子課題

馬重奇◎主編

《彙集雅俗通十五音》

整理及研究

馬重奇　孫俊濤◎編著

謝秀嵐◎原著

中国社会科学出版社

圖書在版編目（CIP）數據

《彙集雅俗通十五音》整理及研究／馬重奇，孫俊濤編著．—北京：中國社會科學出版社，2022.4

（清代民初閩方言韻書整理及研究叢書）

ISBN 978－7－5203－9759－9

Ⅰ.①彙…　Ⅱ.①馬…②孫…　Ⅲ.①閩北話—韻書—研究　Ⅳ.①H177.1

中國版本圖書館 CIP 數據核字（2022）第 027908 號

出 版 人	趙劍英
責任編輯	張　林
責任校對	周曉東
責任印製	戴　寬

出　　版	中国社会科学出版社
社　　址	北京鼓樓西大街甲 158 號
郵　　編	100720
網　　址	http://www.csspw.cn
發 行 部	010－84083685
門 市 部	010－84029450
經　　銷	新華書店及其他書店

印刷裝訂	北京明恒達印務有限公司
版　　次	2022 年 4 月第 1 版
印　　次	2022 年 4 月第 1 次印刷

開　　本	710×1000　1/16
印　　張	22
插　　頁	2
字　　數	363 千字
定　　價	128.00 元

凡購買中國社會科學出版社圖書，如有質量問題請與本社營銷中心聯繫調換

電話：010－84083683

總　序

馬重奇

一　中國古代韻書源流與發展概述

古人把傳統語言學叫做“小學”。漢代稱文字學為“小學”，因兒童入小學先學文字，故名。隋唐以後，範圍擴大，成為“文字學”“音韻學”和“訓詁學”的總稱。至清末，章炳麟認為小學之名不確切，主張改稱“語言文字之學”。現在統稱為“漢語研究”。傳統的語言學以研究古代文獻和書面語為主。

漢語音韻學研究也有一個產生、發展、改革的過程。早在先秦兩漢時期就有關於字詞讀音的記載。主要有以下諸類：（1）譬況注音法：有急言、緩言、長言、短言、內言、外言等。它們都是大致描繪的發音方法，卻很難根據它準確地發出當時的音來，更無法根據它歸納出當時的音系。（2）直音法：隨著漢代經學的產生和發展，注釋家們在為先秦典籍下注解時開始使用“直音”法。這是以一個比較常用的字給另一個同音字注音的方法。直音法的優點是簡單明瞭，一看就懂，也克服了譬況注音法讀音不確的弊病，但自身也有很大局限性。（3）讀若，讀如：東漢許慎在《說文解字》中廣泛應用的“讀若”，就是從直音法發展而來的。“讀若”也叫“讀如”，主要用於注音。用讀若時，一般用一個常見的字進行解釋，有時常常引用一段熟悉的詩文，以該字在這段詩文中的讀音來注音。（4）反切法：真正的字音分析產生於東漢末年，以反切注音法的出現為標誌。反切就是利用雙聲、疊韻的方法，用兩個漢字來拼另一個字的讀音。這是古人在直音、讀若基礎上進一步創造出來的注音方法。反切是用兩個字拼合成另一個字的音，其反切上字與所切之字聲母相同，反切下字與所切之字韻母和聲調相同。即上字取聲，下字取韻和調。自從反切出現之後，古人注釋經籍字音，便以它為主要手段。編撰韻書，也大量使用反切。

四聲的發現與歸納，對韻書的產生與發展也起著極為重要的作用。據《南齊書・陸厥傳》記載："永明末盛為文章，吳興沈約、陳郡謝朓、琅邪王融，以氣類相推轂。汝南周顒，善識聲韻。約等文皆用宮商，以平、上、去、入為四聲，以此制韻，不可增減，世呼為永明體。"《梁書・庾肩吾傳》："齊永明中，文士王融、謝朓、沈約文章始用四聲，以為新變，至是轉拘聲韻，彌尚麗靡，複逾於往時。"四聲的發現與歸納以及反切注音法的廣泛應用，成為古代韻書得以產生的基礎條件。

古代韻書的出現，標誌著音韻學真正從注釋學中脫胎出來成為一門獨立的學科。據考證，我國最早的韻書是三國時魏國李登所撰的《聲類》。在隋朝陸法言《切韻》以前，就有許多韻書出現。據《切韻・序》中說："呂靜《韻集》、夏侯詠《韻略》、陽休之《韻略》、周思言《音韻》、李季節《音譜》、杜台卿《韻略》等，各有乖互。"《隋書・經籍志》中也提到：《四聲韻林》二十八卷，張諒撰；《四聲韻略》十三卷，夏侯詠撰，等等。遺憾的是，這些韻書至今都蕩然無存，無法窺其真況。總之，韻書的製作到了南北朝的後期，已是空前鼎盛，進入"音韻鋒出"的時代。這些韻書的產生，為《切韻》的出現奠定了很好的基礎和條件。隋代出現的對後世影響最大的陸法言《切韻》則是早期漢語音韻學的集大成之作。爾後，唐宋時人紛紛在它的基礎上加以增補刊削，有的補充若干材料，分立一些韻部，有的增加字數，加詳注解，編為新的韻書。其中最著名的有唐王仁昫所撰的《刊謬補缺切韻》，孫愐所撰的《唐韻》，李舟所撰的《切韻》以及宋代官修的《廣韻》《集韻》等一系列韻書。這些韻書對韻的分析日趨精密，尤其是《廣韻》成為魏晉南北朝隋唐時期韻書的集大成著作。以上所介紹的韻書都是反映中古時期的韻書，它們在中國音韻學史上的貢獻是巨大的，影響也是非常深遠的。

唐末和尚守溫是我國古代最初使用字母來代表聲母的人。他按照雙聲字聲母讀音相同的原則，從所有漢字字音中歸納出三十個不同的聲母，並用漢字給它們一一標目，這就是《敦煌綴瑣》下輯錄守溫"三十字母"。這"三十字母"經過宋人的整理增益，成為後代通行的"三十六字母"。

唐宋三十六字母的產生導致了等韻學的產生和發展。等韻學是漢語音韻學的一個分科。它以漢語的聲韻調系統及其互相配合關係為研究對像，而以編制等韻圖作為表現其語音系統的手段，從而探求漢語的發音原理和發音方法。宋元時期的重要等韻圖大致可以分為兩大類：第一類是反映《切韻》音系的韻圖，如南宋福建福州人張麟之刊行的宋佚名的《韻鏡》，福建莆田人鄭樵撰的《七音略》，都是根據《切韻》中的小韻列為 43 圖，每個小韻的代表字在韻圖中各佔有一個位置；第二類是按當時的實際語音對《切韻》語音系統進行了調整，如託名宋司馬光的《切韻指掌圖》，佚名的《四聲等子》，元劉鑒的《經史正音切韻指南》，均不再按韻書中的小韻列圖，只列 20 個韻圖或 24 個韻圖。

明清時期的等韻學與宋元等韻學一脈相承，其理論基礎、基本原則和研究手段都是從宋元等韻學發展而來，二者聯繫密切。然而，明清時期的韻圖，已逐漸改變了宋元時期韻圖的型制。其表現為兩個方面：一則由於受到理學思想以及外來語音學原理對等韻的影響；二則由於語音的不斷發展變化影響到韻圖編制的內容和格式。根據李新魁《漢語音韻學》考證，明清時期的韻圖可以分為五種類型：一是以反映明清時代的讀書音系統為主的韻圖，它們略帶保守性，保存前代的語音特點較多。如：明袁子讓《字學元元》、葉秉敬《韻表》、無名氏《韻法直圖》、李嘉紹《韻法橫圖》、章黼《韻學集成》和清李光地、王蘭生《音韻闡微韻譜》，樊騰鳳《五方母音》等。二是以表現當時口語的標準音——中原地區共同語標準音為主，它們比較接近現代共同語的語音。如：明桑紹良《青郊雜著》、呂坤《交泰韻》、喬中和《元韻譜》、方以智《切韻聲原》和無名氏《字母切韻要法》等。三是在表現共同語音的基礎上，加上“音有定數定位”的觀念，在實際的音類之外，添上一些讀音的虛位，表現了統包各類讀音的“語音骨架”。如：明末清初馬自援《等音》、清林本裕《聲位》、趙紹箕《拙庵韻語》、潘耒《類音》、勞乃宣《等韻一得》等。四是表現各地方音的韻圖，有的反映北方話的讀法。如：明徐孝《重司馬溫公等韻圖經》、明代來華傳教的法國人金尼閣（Nieolas Trigault）《西儒耳目資》、張祥晉《七音譜》等；有的顯示南方方言的語音，如：陸稼書《等韻便讀》、清吳烺《五聲反切正韻》、程定謨《射聲小譜》、晉安《戚林八音》、黃謙《彙音妙悟》、廖綸璣《拍掌知音》、無名氏《擊掌知音》、謝秀嵐《雅俗通十五音》、張世珍《潮聲十五音》等。五是表現宋元時期韻書的音系的，它們是屬於“述古”的韻圖。如：無名氏《等韻切音指南》、江永《四聲切韻表》、龐大堃《等韻輯略》、梁僧寶《切韻求蒙》等①。

古音學研究也是漢語音韻學研究中的一個重要內容。它主要是研究周秦兩漢語音系統的學問。嚴格地說是研究以《詩經》為代表的上古語音系統的學問。我國早在漢代就有人談到古音。但古音學的真正建立是從宋代開始的。吳棫撰《韻補》，創“古韻通轉”之說；程迥著《古韻通式》，主張“三聲通用，雙聲互轉”；鄭庠撰《古音辨》，分古韻為六部。明代陳第（福建連江人）撰《毛詩古音考·序》提出“時有古今，地有南北，字有更革，音有轉移”的理論，為清代古音學的建立奠定了理論基礎。到了清代，古音學達到全盛時期。主要的古音學家和著作有：顧炎武《音學五書》、江永《古韻標準》、戴震《聲韻考》和《聲類表》、段玉裁《六書音韻表》、孔廣森《詩聲類》、王念孫《合韻譜》、嚴可均《說文聲類》、江有誥《音學十書》、朱駿聲《說文通訓定聲》等。

音韻學還有一個分支，那就是“北音學”。北音學主要研究以元曲和《中原音韻》為代表的近代北方話語音系統。有關北音的韻書還有元人朱宗文的《蒙古字韻》、卓從之的《中州樂府音韻匯通》，明人朱權的《瓊林雅韻》、無名氏的《菉斐軒詞林要韻》、王文璧的《中州音韻》、范善臻的《中州全韻》，清人王鵕的《中州全韻輯要》、沈乘麐的《曲韻驪珠》、周昂的《增訂中州全韻》等。

二　福建近代音韻學研究概述

從永嘉之亂前至明清，中原人士陸續入閩定居，帶來了許多中原的文化。宋南渡之後，大批北方著名人士蜂擁而來，也有不少閩人北上訪學，也將中原文化帶回閩地。如理學開創者周敦頤、張載、程顥、程頤、邵雍等都在北方中原一帶，不少閩人投其門下，深受其影響。如崇安人遊酢、

---

① 李新魁：《漢語等韻學》，中華書局2004年版。

將樂人楊時曾受業于二程。他們返回閩地後大力傳播理學，後被南宋朱熹改造發揚為“閩學”。

自宋迄清時期，福建在政治、思想、文化、經濟等均得到迅速發展。就古代“小學”（包括音韻、文字、訓詁）而言，就湧現出許許多多的專家和著作。宋朝時期，福建音韻學研究成果很多。如北宋邵武黃伯思的《古文韻》，永泰黃邦俊的《纂韻譜》，武夷山吳棫的《韻補》《毛詩補音》《楚辭釋音》，莆田鄭樵的《七音略》；南宋建陽蔡淵的《古易叶音》，泉州陳知柔的《詩聲譜》，莆田劉孟容的《修校韻略》，福州張鱗之刊行的《韻鏡》等。元明時期音韻學研究成果也不少，如元朝邵武黃公紹的《古今韻會》，邵武熊忠的《古今韻會舉要》《禮部韻略七音三十六母通考》；明朝連江陳第的《毛詩古音考》《屈宋古音義》《讀詩拙言》，晉江黃景昉的《疊韻譜》，林霍的《雙聲譜》，福清林茂槐的《音韻訂訛》等。清代音韻學研究成果十分豐碩。如安溪李光地的《欽定音韻闡微》《音韻闡微韻譜》《榕村韻書》《韻箋》《等韻便覽》《等韻辨疑》《字音圖說》，閩侯潘逢禧的《正音通俗表》，曹雲從的《字韻同音辨解》，光澤高澍然的《詩音十五卷》，閩侯陳壽祺的《越語古音證》，閩侯方邁的《古今通韻輯要》，晉江富中炎的《韻法指南》《等韻》，惠安孫經世的《韻學溯源》《詩韻訂》，王之珂的《占畢韻學》等。

以上韻書涉及上古音、中古音、近代音、等韻學，為我國漢語音韻學史作出了巨大貢獻，影響也是很大的。

三　閩台方言韻書說略

明清時期的方言學家們根據福建不同方言區的語音系統，編撰出許許多多的便於廣大民眾學習的方言韻書。有閩東方言韻書、閩北方言韻書、閩南方言韻書、潮汕方言韻書、臺灣閩南方言韻書以及外國傳教士編撰的方言字典、詞典等。

閩東方言韻書有：明末福州戚繼光編的《戚參軍八音字義便覽》（明末）、福州林碧山的《珠玉同聲》（清初）、晉安彙集的《戚林八音》（1749）、古田鐘德明的《加訂美全八音》（1906），福安陸求藻《安腔八音》（十八世紀末）、鄭宜光《簡易識字七音字彙》（清末民初）等。

閩北方言韻書有：政和明正德年間陳相手抄本《六音字典》（1515）和清朝光緒年間陳家箎手抄本《六音字典》（1894）；建甌林瑞材的《建州八音字義便覽》（1795）等。

閩南方言韻書有：連陽廖綸璣的《拍掌知音》（康熙年間）、泉州黃謙的《彙音妙悟》（1800，泉州音）、漳州謝秀嵐的《彙集雅俗通十五音》（1818）、無名氏的《增補彙音》（1820）、長泰無名氏的《渡江書十五音》（不詳）、葉開恩的《八音定訣》（1894）、無名氏《擊掌知音》（不詳，兼漳泉二腔）。

潮汕方言韻書有：張世珍的《潮聲十五音》（1907）、江夏懋亭氏的《擊木知音》（全名《彙集雅俗十五音全本》，1915）、蔣儒林《潮語十五音》（1921）、潮安蕭雲屏編的《潮語十五音》（1923）、潘載和《潮汕檢音字表》（1933）、澄海姚弗如改編的《潮聲十七音》（1934）、劉繹如改編的《潮聲十八音》（1936）、鳴平編著肅穆改編《潮汕十五音》（1938）、李新魁的《新編潮汕方言十八音》（1975）等。

大陸閩方言韻書對臺灣產生重大影響。臺灣語言學家們模仿大陸閩方言韻書的內容和形式，結合臺灣閩南方言概況編撰新的十五音。反映臺灣閩南方言的韻書主要有：臺灣現存最早的方言韻書為臺灣總督府民政局學務部編撰的《臺灣十五音字母詳解》（1895，臺灣）和《訂正臺灣十五音字母詳解》（1901，臺灣）等。

以上論著均為反映閩方言的韻書和辭書。其數目之多可以說居全國首位。其種類多的原因，與閩方言特別複雜有著直接的關係。

四　閩方言主要韻書的整理及其研究

福建師範大學漢語言文字學專業是2000年國務院學位委員會審批的二級學科博士學位授權點，也是2008年福建省第三批省級重點學科。2009年，該學科學科帶頭人馬重奇教授主持了福建省服務海西重大研究項目“海峽西岸瀕危語言學文獻及資料的挖掘、整理與研究”。經過多年的收集、整理和研究，擬分為兩個專題組織出版：一是由馬重奇教授主編的“清代民初閩方言韻書整理及研究”叢書；二是由林志強教授主編的

“閩籍學者的文字學著作研究” 叢書。2010 年馬重奇教授又主持了國家社科基金重大招标項目“海峽兩岸閩南方言動態比較研究”，也把閩方言韻書整理与研究作為子課題之一。

“清代民初閩方言韻書整理及研究” 叢書的目錄如下：1. 《〈增補彙音妙悟〉〈拍掌知音〉整理及研究》；2. 《〈彙集雅俗通十五音〉整理及研究》；3. 《〈增補彙音〉整理及研究》；4. 《〈渡江書十五音〉整理及研究》；5. 《〈八音定訣〉整理及研究》；6. 《〈潮聲十五音〉整理及研究》；7. 《〈潮語十五音〉整理及研究》；8. 《〈潮聲十七音〉整理及研究》；9. 《〈擊木知音〉整理及研究》；10. 《〈安腔八音〉整理及研究》；11. 《〈加訂美全八音〉整理及研究》；12. 《〈建州八音字義便覽〉整理及研究》。

關於每部韻書的整理，我們的原則是：

1. 每本新編閩方言韻書，均根據相關的古版本以及學術界相關的研究成果進行校勘和校正。

2. 每本方言韻書均以原韻書為底本進行整理，凡韻書編排較亂者，根據韻字的音韻學地位重新編排。

3. 韻書有字有音而無釋義者，根據有關工具書補充字義。

4. 凡是錯字、錯句或錯段者，整理者直接改之。

5. 通過整理，以最好的閩方言韻書呈現於廣大讀者的面前，以滿足讀者和研究者學習的需要。

至於每部韻書的研究，我們的原則是：

1. 介紹每部韻書的作者、成書時間、時代背景、各種版本。

2. 介紹每部韻書在海內外學術界的研究動態。

3. 研究每部韻書的聲韻調系統，既做共時的比較也做歷時的比較，考證出音系、音值。

4. 考證出每部韻書的音系性質以及在中國方音史上的地位和影響。

“清代民初閩方言韻書整理及研究” 叢書的順利出版，首先要感謝福建省人民政府對“福建省服務海西重大研究項目‘海峽西岸瀕危語言學文獻及資料的挖掘、整理與研究’” 經費上的支持！我們還要特別感謝中國社會科學出版社張林編審的鼎立支持！感謝她為本套叢書的編輯、校對、出版所付出的辛勤勞動！

在本書撰寫過程中，著者們吸收了學術界許多研究成果，書後參考書目中已一一列出，這裡不再一一說明，在此一併表示感謝！然而，由於著者水準所限，書中的錯誤在所難免，望學術界的朋友們多加批評指正。

2021 年 5 月於福州倉山書香門第

目　　錄

《彙集雅俗通十五音》與漳州漳浦方言音系 …………………… 馬重奇（1）
一　聲母系統研究 ………………………………………………………（1）
二　韻母系統研究 ………………………………………………………（4）
三　聲調系統比較研究 …………………………………………………（21）
四　《彙集雅俗通十五音》音系性質 …………………………………（22）

新編《彙集雅俗通十五音》 ………………………… 馬重奇　孫俊濤（28）
1. 君部 ……………………………………………………………（34）
2. 堅部 ……………………………………………………………（44）
3. 金部 ……………………………………………………………（55）
4. 規部 ……………………………………………………………（61）
5. 嘉部 ……………………………………………………………（67）
6. 干部 ……………………………………………………………（74）
7. 公部 ……………………………………………………………（80）
8. 乖部 ……………………………………………………………（91）
9. 經部 ……………………………………………………………（95）
10. 觀部 …………………………………………………………（108）
11. 沽部 …………………………………………………………（118）
12. 嬌部 …………………………………………………………（125）
13. 稽部 …………………………………………………………（133）
14. 恭部 …………………………………………………………（138）
15. 高部 …………………………………………………………（145）
16. 皆部 …………………………………………………………（155）

17. 巾部 …………………………………………………………………… (160)
18. 姜部 …………………………………………………………………… (168)
19. 甘部 …………………………………………………………………… (174)
20. 瓜部 …………………………………………………………………… (181)
21. 江部 …………………………………………………………………… (188)
22. 兼部 …………………………………………………………………… (193)
23. 交部 …………………………………………………………………… (200)
24. 迦部 …………………………………………………………………… (206)
25. 檜部 …………………………………………………………………… (211)
26. 監部 …………………………………………………………………… (219)
27. 艍部 …………………………………………………………………… (223)
28. 膠部 …………………………………………………………………… (230)
29. 居部 …………………………………………………………………… (235)
30. 丩部 …………………………………………………………………… (251)
31. 更部 …………………………………………………………………… (258)
32. 褌部 …………………………………………………………………… (263)
33. 茄部 …………………………………………………………………… (267)
34. 梔部 …………………………………………………………………… (272)
35. 薑部 …………………………………………………………………… (278)
36. 驚部 …………………………………………………………………… (282)
37. 官部 …………………………………………………………………… (286)
38. 鋼部 …………………………………………………………………… (290)
39. 伽部 …………………………………………………………………… (294)
40. 閞部 …………………………………………………………………… (299)
41. 姑部 …………………………………………………………………… (305)
42. 姆部 …………………………………………………………………… (308)
43. 光部 …………………………………………………………………… (311)
44. 閂部 …………………………………………………………………… (315)
45. 糜部 …………………………………………………………………… (319)
46. 嘄部 …………………………………………………………………… (321)
47. 箴部 …………………………………………………………………… (324)

48. 夊部 …………………………………………………………………… (328)
49. 扛部 …………………………………………………………………… (331)
50. 牛部 …………………………………………………………………… (336)

《彙集雅俗通十五音》與漳州漳浦方言音系

馬重奇

《彙集雅俗通十五音》發表于清嘉慶二十三年（1818），比黃謙《匯音妙悟》（1800）晚 18 年。作者是東苑謝秀嵐。據黃典誠《漳州〈十五音〉述評》說，編者謝秀嵐生平事蹟目前尚無可考。他應是一個不在士林之中的落第秀才，平時讀了不少書，對“小學”特別有興趣，在“等韻學”上下過一番苦功，頗有獨得之處。[1]“東苑”到底是謝秀嵐的別號或住處，我們一時還無法判斷。

《彙集雅俗通十五音》主要版本有：嘉慶二十三年林文堂刻本，五十韻，書名《彙集雅俗通十五音》；漳州顏錦華木刻本，書名《增注雅俗通十五音》，書面上有“東苑謝秀嵐編輯”字樣；有林文堂木刻本（見薛澄清《十五音與漳泉讀書音》）；廈門會文堂本刻板，八卷 64 開本，書名《增注硃字十五音》（封面），《彙集雅俗通十五音》（卷首），《增注十五音》（頁脊）。

一　聲母系統研究

英國語言學家麥都思（Walter Henry Medhurst 1796 – 1857）著的《福建方言字典》是目前所見最早的一本用羅馬字注音的閩南語字典。此書完成於 1831 年，比《彙集雅俗通十五音》晚了 13 年。《福建方言字典》所代表的方言，麥都思在序言中已清楚地說明是漳州方言，這一點從他的

---

① 黃典誠：《漳州〈十五音〉述評》，《黃典誠語言學論文集》，廈門大學出版社 2003 年版，第 264 頁。

音系和《彙集雅俗通十五音》的對照就可以證明。

謝氏在《彙集雅俗通十五音》正文前有“切音十五字字頭起連音呼”：柳邊求去地頗他曾入時英門語出喜。十五音代表《彙集雅俗通十五音》的聲母系統。正文前還有“呼十五音法”餘皆仿此。

柳理　邊比　求己　去起　地底　頗鄙　他恥　曾止　入耳　時始
英以　門美　語禦　出取　喜喜

當時還沒有發明音標，而是以十五音與［i］相拼，即理［li］、比［pi］、己［ki］、起［k‘i］、底［ti］、鄙［p‘i］、恥［t‘i］、止［tsi］、耳［dzi］、始［si］、以［i］、美［bi］、禦［ɡi］、取［ts‘i］、喜［hi］。

至於《彙集雅俗通十五音》聲母系統擬音，我們參考英國傳教士麥都思《福建方言字典》[1]（1831）的擬音和現代漳州漳浦方音來進行構擬。“十五音”擬音如下：

1. 柳［l/n］：麥都思說：“柳字頭跟鼻化韻（nasal final）連接時，l 大量混入鼻音，而聽到類似 n 的聲音。”可見，麥都思根據其音值，把“柳”分析為［l－］和［n－］，與現代漳州地區方音情況亦相符合。柳母讀作［l－］或［n－］，分別出現於漳州話非鼻化韻之前和鼻化韻之前。

2. 邊［p］：麥都思把邊母擬作 p，即國際音標［p－］，現代漳州地區方言也讀作［p－］。

3. 求［k］：麥都思把求母擬作 k，即國際音標［k－］，現代漳州地區方言也讀作［k－］。

4. 去［k‘］：麥都思把去母擬作 k‘h，即［k‘］，k 的送氣音。蔑核氏说：“发音时在 k 和接下的母音之間有一股強烈的呼氣。”相當於國際音標［k‘］，現代漳州地区方言也讀作［k‘］。

5. 地［t］：麥都思把地母擬作 t，即國際音標［t－］，現代漳州地區方言也讀作［t－］。

6. 頗［p‘］：麥都思把頗母擬作 p‘h，即［p‘］，p 的送氣音。蔑核氏说：“在 p 和 h 之間插入一个省略符号 ‘以表示 p 并未如英語的 philip 被軟

① 麥都思（W. H. Medhurst）：《福建方言字典》，成書于 1831 年。

化（為 f），而是保存著它的自然音，h 是在母音之前的一股送气。”相當於國際音標［p‘］，現代漳州地區方言也讀作［p‘］。

7. 他［t‘］：麥都思把他母擬作 t‘h，即［t‘］，t 的送氣音。麥都思說：“t 並未如英語的 thing 被 h 軟化（為 θ），而像德國人或荷蘭人初學英語讀這個（th）音一樣。”相當於國際音標［t‘］，現代漳州地區方言也讀作［t‘］。

8. 曾［ts］：麥都思把曾母擬作 ch，即［ts］，像 cheap 的 ch，相當於國際音標［ts－］，現代漳州地區方言也讀作［ts－］。

9. 入［dz］：麥都思把入母擬作 j，即［ʒ－］，他說：“j 的聲音非常輕，如法語的 j，或類似英語 pleasure，precision，crosier 等的 s 那樣的聲音。”依麥都思的描寫，“入”母是個舌面濁擦音，但根據現代漳州地區方言的“入”母字基本上讀作［dz－］。

10. 時［s］：麥都思把時母擬作 s，即國際音標［s－］，現代漳州地區方言也讀作［s－］。

11. 英［ø］：無聲母。麥都思的標音，在齊齒音之前另加［y－］，在合口音之前用［w－］。但根據現代漳州地區方言，英母字是沒有聲母的。

12. 門［b］或［m］：麥都思的標音為 b［b－］或 m［m－］，這個字母在非鼻化韻之前讀作［b－］，在鼻化韻之前讀作［m－］，現代漳州地區方言也讀作［b－］或［m－］。

13. 語［g］或［ŋ］：麦都思的標音为 g［g－］或 gn［ŋ－］，這個字母在非鼻化韻之前讀作［g－］，在鼻化韻之前讀作［ŋ－］，現代漳州地區方言也读作［g－］或［ŋ－］。

14. 出［ts‘］：麥都思把出母擬作 ch‘h，即［ts‘－］，ch 的送氣。他說：“在 ch 和母音之间有强烈送氣。”現代漳州地區方言也讀作［ts‘］。

15. 喜［h］：麥都思把喜母擬作 h，即［h－］，他說：“（喜母的）h 送氣，比英語更加強烈。當它和五十字母第 1（君）、4（規）、7（公）、10（觀）、11（沽）、27（艍）韻結合，即 w，o 之前時，顯得接近 f 的聲音。”現代漳州地區方言則讀作［h－］。

《彙集雅俗通十五音》共 15 個字母，實際上有 18 個聲母。現將《彙集雅俗通十五音》、麥都思《福建方言字典》音標和現代漳州地區方言聲母系統比較如下表：

字母	麥都思	漳州	龍海	長泰	華安	南靖	平和	漳浦	雲霄	東山	詔安
柳	l/n	l/n	l/n	l/n	l/n	l/n	l/n	l/n	l/n	l/n	l/n
邊	p	p	p	p	p	p	p	p	p	p	p
求	k	k	k	k	k	k	k	k	k	k	k
去	k‘h	k‘	k‘	k‘	k‘	k‘	k‘	k‘	k‘	k‘	k‘
地	t	t	t	t	t	t	t	t	t	t	t
頗	p‘h	p‘	p‘	p‘	p‘	p‘	p‘	p‘	p‘	p‘	p‘
他	t‘h	t‘	t‘	t‘	t‘	t‘	t‘	t‘	t‘	t‘	t‘
曾	ch	ts	ts	ts	ts	ts	ts	ts	ts	ts	ts
入	j	dz	dz	dz	dz	dz	dz	dz	dz	dz	dz
時	s	s	s	s	s	s	s	s	s	s	s
英	w，y，	ø	ø	ø	ø	ø	ø	ø	ø	ø	ø
門	b/m	b/m	b/m	b/m	b/m	b/m	b/m	b/m	b/m	b/m	b/m
語	g/gn	g/ŋ	g/ŋ	g/ŋ	g/ŋ	g/ŋ	g/ŋ	g/ŋ	g/ŋ	g/ŋ	g/ŋ
出	ch‘h	ts‘	ts‘	ts‘	ts‘	ts‘	ts‘	ts‘	ts‘	ts‘	ts‘
喜	h	h	h	h	h	h	h	h	h	h	h

上表可見，麥都思對“十五音”的語音記錄，與現代漳州地區漳州、龍海、長泰、華安、南靖、平和、漳浦、雲霄、東山、詔安等10個縣市的方言聲母完全一致。《彙集雅俗通十五音》的声母系统如下：

柳	[l/n]	邊	[p]	求	[k]	去	[k‘]	地	[t]
頗	[p‘]	他	[t‘]	曾	[ts]	入	[dz]	時	[s]
英	[ø]	門	[b/m]	語	[g/ŋ]	出	[ts‘]	喜	[h]

“柳”“門”“語”三母在非鼻化韻母和鼻化韻母之前分別讀作[l/n]、[b/m]、[g/ŋ]。“入”母在现代漳州地区各个县市的读音均为[dz]，与厦门、泉州方言不同。

二 韻母系統研究

謝氏在《彙集雅俗通十五音》正文前有“五十字母分八音”，所列的韻字缺漏了許多。下表根據文本的實際情況進行勘誤補缺，整理新的表格。

君	滾	棍	骨	群	滾	郡	滑
堅	蹇	見	結	年	蹇	健	傑
金	錦	禁	急	琳	錦	㦗	及
規	鬼	季	○	葵	鬼	櫃	○
嘉	假	嫁	骼	枷	假	下	逆
干	柬	澗	葛	蘭	柬	爛	辣
公	廣	貢	國	狂	廣	狂	咯
乖	拐	怪	孬	懷	拐	○	○
經	景	敬	格	筓	景	便	極
觀	琯	貫	決	權	琯	倦	檿
沽	古	固	○	糊	古	怙	○
嬌	皎	叫	勪	橋	皎	轎	噭
稽	改	計	○	鮭	改	易	○
恭	拱	供	菊	窮	拱	共	局
高	果	過	閣	翗	果	膏	落
皆	改	介	○	來	改	利	○
巾	謹	艮	吉	麟	謹	近	𥻘
姜	襁	○	腳	强	襁	倞	矍
甘	敢	鑑	鴿	銜	敢	艦	納
瓜	凹	卦	嘓	籮	凹	○	辣
江	港	降	角	聾	港	共	磔
兼	檢	劍	夾	廉	檢	鐱	粒
交	狡	教	鋏	侯	狡	厚	雹
迦	者	寄	壁	伽	○	崎	屐
檜	粿	檜	郭	葵	粿	𧿹	鱠

監	敢	酵	摑	擥	敢	餡	○
艍	韮	句	敨	鏁	韮	舅	○
膠	絞	教	甲	爬	絞	齩	蠟
居	己	既	築	期	己	具	裂
ㄐ	久	救	○	求	久	舊	○
更	耞	徑	喀	平	耞	病	嗄
褌	捲	卷	○	傳	捲	卵	○
茄	表	叫	腳	茄	○	轎	略
梔	染	見	矚	墘	○	辮	物
薑	兩	漲	○	強	○	譻	○
驚	囝	鏡	○	行	囝	件	○
官	寡	觀	○	寒	寡	汗	○
鋼	影	槓	○	郎	○	丈	○
伽	短	退	莢	瘸	○	袋	笠
閒	酴	歎	○	○	酴	鼐	○
姑	努	○	○	奴	○	怒	○
姆	姆	○	○	梅	○	不	○
光	鈁	○	吆	○	○	闖	咉
閂	○	○	輵	○	○	様	闔
糜	○	○	妹	糜	○	○	○
嘄	鳥	酢	○	○	○	○	岋
箴	怎	譖	嗖	丼	○	○	○
爻	撓	○	○	茅	○	貌	○
扛	我	貨	麼	傩	○	二	膜
牛	○	○	○	牛	○	○	○

由上可見，《彙集雅俗通十五音》上上聲與下上聲同用一個字，計有34例；有上上聲字而無下上字，計有13例；無上上聲字與下上聲字，計有3例。該韻書是沒有下上聲字。

上表可見，“2 堅”下平聲補上“年”，“3 金”下平聲補上“琳”；“6 干”補上下平聲“蘭”、下去聲“爛”、下入聲“辣”；“8 乖”補上上入聲“孬”、下平聲“懷”；“13 稽”誤寫上入聲“莢”，應刪除；“15 高”補上下入聲“落”；“16 皆”補上下平聲“來”、下去聲“利”；“17 巾”補上下平聲“麟”；“19 甘”補上下入聲“納”；“20 瓜”補上下平聲“籮”、下入聲“辣”；“21 江”補上下平聲“聾”；“22 兼”補上下平聲“廉”、下入聲“粒”；“23 交”補上下入聲“雹”；“24 迦”補上上上聲“者”、上入聲“壁”；“26 監”補上上入聲“摑”、下去聲“餡”；“28 膠”補上下平聲“爬”、下入聲“蠟”；“29 居”補上下入聲“裂”；“31 更”補上上入聲“喀”、下平聲“平”、下去聲“病”、下入聲“嗄”；“32 褌”補上下平聲“傳”、下去聲“卵”；“33 茄”補上上上聲“表”、下去聲“略”；“34 梔”補上上上聲“染”、上入聲“矚”、下去聲“辮”、下入聲“物”；“35 薑”補上上上聲“兩”、上去聲“漲”；“38 鋼”補上上上聲“影”、下平聲“郎”、下去聲“丈”；“39 伽”補上上上聲“短”、上去聲“退”、下去聲“袋”、下入聲“笠”；“40 間”補上上去聲“歡”、下去聲“鼐”；“41 姑”補上上上聲“努”、下平聲“奴”、下去聲“怒”；“42 姆”補上上上聲“姆”、下平聲“梅”、下去聲“不”；“43 光”補上上入聲“吖”、下去聲“闖”；44 閂上入聲“輵”、下去聲“樣”、下入聲“闔”；“45 糜”補上上入聲“妹”、下平聲“糜”；“46 嗚”補上上上聲“鳥”、上去聲“酢”、下入聲“岋”；“47 箴”補上上上聲“怎”、上入聲“喥”、下平聲“丼”；“48 爻”補上上上聲“撓”、下平聲“茅”、下去聲“貌”；“49 扛”補上上上聲“我”、上去聲“貨”、上入聲“麼”、下平聲“儺”、下去聲“二”、下入聲“膜”。

經統計，《彙集雅俗通十五音》有 50 個韻部，其中有 15 個韻部沒有配入聲韻母，共計 85 個韻母。漳州地區有 10 個縣市，根據各地的方言志，韻母數各不相同：漳州 85 個，龍海 83 個，長泰 77 個，華安 72 個，南靖 70 個，平和 82 個，漳浦 79 個，雲霄 83 個，東山 85 個，詔安 79 個。現將《彙集雅俗通十五音》50 個韻部、《福建方言字典》對 50 個韻部的擬音以及現代漳州方言韻母分別比較討論。

（一）“君堅金規嘉”五部音值的擬測

1. 君部：君部舒聲韻在《福建方言字典》（簡稱《字典》）裡讀作 kwun［uɨn］，麥都思說“‘君’韻音似 koo - un，而發為一個音節”，麥都思的記音相當於國際音標［uɨn］，現代漳州方言裡讀作［un］。例如：“頓昆敦奔損淪遵准閏菌分問君熏氛吞墾懇很伸忍伸匾船舛拳”等字，現代漳州方言均讀作［un］。君部促聲韻在《字典》裡讀作［uɨt］，現代漳州方言裡讀作［ut］。例如：“沒卒骨突窟律率蟀出怵物屈鬱不滑猾扒掘核角”等今均讀作［ut］。今依《字典》和現代漳州地區方言將君部擬音為［un/ut］。

2. 堅部：堅部舒聲韻在《字典》裡讀作 këen［ - iɛn/ian］，麥氏描寫此韻音為“këen 或 ke - yen［kiɛn］，有些人的發音似 ke - an［kian］”，相當於國際音標［ - iɛn］或［ - ian］，現代漳州方言均讀作［ - ian］。例如：“健獻堰偃編淺鮮肩衍邊片年前見”等今均讀作［ - ian］。堅部促聲韻在《字典》裡讀作［iɛt］或［iat］，現代漳州方言裡讀作［ - iat］。例如："揭歇別裂泄折熱撇節潔拮截血秩詰櫛"等今均讀作［－iat］。今依《字典》和現代漳州地區方言將堅部擬音為［ian/iat］。

3. 金部：金部舒聲韻在《字典》裡讀作 kim［－iɨm］，麥氏說這個韻"像 kimbo 裡的 kim，有些人讀為 ke－im［iɨm］，快速發音為一個音節"，相當於國際音標［－ɪm］或［－iɨm］，現代漳州方言均讀作［－im］。例如："林臨沉任歆覃刃忍哂欣熊"等今均讀作［－im］。金部舒聲韻主要來源於深攝三等韻字、少數咸攝一等韻字，臻攝和通攝有少數韻字讀作［－im］，保留上古音的痕跡。金部促聲韻在現代漳州方言裡讀作［－ip］。例如："立十什入急及掐"等今均讀作［－ip］。今依《字典》和現代漳州地區方言將金部擬音為［im/ip］。

4. 規部：規部舒聲韻在《字典》裡讀作 kwuy［－ui］，麥氏描寫說"這個韻音似英語 quiet 裡的 qui，或者有拉長，讀如 koo－wy，但仍為一音節"，相當於國際音標［－ui］，現代漳州方言裡均讀作［－ui］。例如："堆推催開脆慧廢梯桂奎累虧窺吹垂睡屁瓷醉追錐葵氣飛費輝威歸"等今均讀作［－ui］。規部舒聲韻主要來源於蟹攝和止攝合口韵字。此部沒有與舒聲韻相配的促聲韻。惟獨龍海、平和方言有［uiʔ］韻母。今依《字典》和現代漳州地區方言將規部擬音為［ui］。

5. 嘉部：嘉部舒聲韻在《字典》裡讀作 kay［－ɛ］，麥都思說這個韻的"a 讀如 care 中的 a，或 bear，wear 等字裡的 ea"，相當於國際音標［ɛ］，現代漳州、龍海、南靖、平和、漳浦、雲霄等方言也讀作［ɛ］，詔安個別字"冊"讀作［ieʔ］外也讀作［ɛ/ɛʔ］，華安話部分讀作［ɛ/ɛʔ］，部分讀作［e/eʔ］，東山個別鄉村"馬"讀作［ɛ］、"厄"讀作［ə］外均讀作［e/eʔ］，只有長泰方言均讀作［e/eʔ］。《彙集雅俗通十五音》嘉［ɛ/ɛʔ］、膠［a/aʔ］、稽［ei］、伽［e/eʔ］四韻是對立的。長泰、華安、東山沒有［ɛ/ɛʔ］音，說明嘉韻反映的並不是長泰、華安、東山等地的讀音，而是漳州、龍海、南靖、平和、漳浦、雲霄、詔安一帶的讀音。此韻韻字在漳州地區方言裡多數讀作［ɛ/ɛʔ］，今依《字典》和現代漳州地區方言將嘉部擬音為［ɛ/ɛʔ］。

（二）"干公乖經觀"五部音值的擬測

6. 干部：干部舒聲韻在《字典》讀作 kan［－an］，麥都思說"音如

義大利 *a* 的音，如 fɑr，fɑther 的 *a*”，干部相當於國際音標 [- an]，現代漳州各縣市方言多數有 [an/at] 韻，惟獨詔安話無此韻，凡普通話中的 [an/at] 韻，均讀作 [aŋ/ak] 韻。例如：“單坦懶幹辦山間眼艱版刪班頒斑牽研便閩鱗趁陳曾肯鼊鶺毯芰範”等今大多數讀作 [an]。干部舒聲韻主要來源於山攝開口一二等韻字，少數韻字來源於山攝、臻攝三四等開口字；少數曾攝一等韻字，咸攝一二三等韻字。干部促聲韻在《字典》和現代漳州方言大多數讀作 [- at]。例如：“薩擦喝割辣八殺煞察轄剎別節結密栗漆塞賊力值識觳”等今均讀作 [- at]。故干部擬音為 [- an/at]。干部促聲韻主要來源於山攝開口一二等韻字，少數韻字來源於山攝、臻攝三四等開口字；少數曾攝一三等韻字，通攝一等韻字。今依《字典》和現代漳州地區方言將干部擬音為 [- an/at]。

7. 公部：公部舒聲韻在《字典》讀為 kong [- ɔŋ]，麥氏說“音如（英語） congress 中的 cong”，相當於國際音標 [ɔŋ]，現代漳州地區均讀作 [- ɔŋ/ɔk]。例如：東同朧公蔥豐夢隆冬統農宗蜂縫蹤撞窗裝瘡狀爽方放房往茫郎髒喪康光廣荒盲宏弘墓摸”等今均讀作 [- ɔŋ]。公部舒聲韻字基本上來源於中古通攝、宕攝舒聲韻字，少數來源於江、梗、曾三攝舒聲韻字。公部促聲韻在《字典》裡和現代漳州方言多數讀作 [- ɔk]。例如：蔔曝木速穀幅覆目督毒樸啄博泊莫落（開口）郭（合口）國北”等今均讀作 [- ɔk]。公部促聲韻字基本上來源於中古通攝、宕攝促聲韻字，少數來源於江、梗、曾三攝促聲韻字。惟獨長泰、雲霄、東山則讀作 [- oŋ] 和 [- ok]。今依《字典》和現代漳州地區方言將公部擬音為 [- ɔŋ/ɔk]。

8. 乖部：乖部舒聲韻在《字典》讀作 kwae [- uai]，麥都思說“音如 koo - wae，讀為一個音節”，相當於國際音標 [uai]，現代漳州方言裡均讀作 [- uai]。例如：“乖塊懷蒯拐歪快”等今均讀作 [- uai]。乖部舒聲韻字基本上來源於中古蟹攝合口二等韻字。與乖部舒聲韻相配的促聲韻只有一個字“孬”，《字典》讀作 [- uaiʔ]，今無此讀法。今依《字典》和現代漳州地區方言將乖部擬音為 [- uai/uaiʔ]。

9. 經部：經部舒聲韻在《字典》裡讀作 keng [- eŋ]，麥都思說“音如 lengthen 中的 leng”，相當於國際音標 [- eŋ]；麥氏又說“有時讀如 ke - eng”，相當於國際音標 [- iɛŋ]。漳州地區的方言讀音不一，漳州、龍海、華安、南靖方言均有［iŋ/ik］韻，長泰、平和、雲霄、東山方言則讀作［eŋ/ek］韻，詔安話兼有［iŋ/ik］、［eŋ/ek］二韻，惟獨漳浦話讀作［ɛŋ/ɛk］韻。經部舒聲韻和促聲韻均為梗、曾二攝韻字。今依《字典》和現代漳州地區方言將該韻擬作［－eŋ/ek］。

10. 觀部：觀部舒聲韻在《字典》讀作 kwan［－uan］，麥都思說“音如 coo－wan，而為一音節”，相當於國際音標［uan］，現代漳州方言裡均讀作［－uan］。例如：《廣韻》桓韻字“滿鑽算歡丸”、山韻字“鰥幻”、刪韻字“栓關還彎”、元韻字“反販晚遠冤”、仙韻字“戀泉娟專傳”、先韻字“涓縣”、凡韻字“泛凡”、豪韻字“高”等今均讀作［－uan］。觀部舒聲韻基本上來源於中古山攝諸韻的合口字，少數來源於咸攝合口凡韻字，豪韻字“高”讀作［－uan］應該是語音的變異，有人認為“懸”才是本字。觀部促聲韻在《字典》和現代漳州方言裡均讀作［－uat］。例如：《廣韻》末韻字“拔跋撥奪括”、鎋韻字“刷刮”、月韻字“發伐月闕蹶”、薛韻字“雪說悅拙絕”、屑韻字“缺決抉”、乏韻字“乏”等今均讀作［－uat］。觀部促聲韻基本上來源於中古山攝諸韻的合口字入声字，少数來源於咸攝合口乏韻入声字。惟獨詔安除了有［uan］、［uat］讀法外，還有［uam］、［uap］兩種讀法。今依《字典》和現代漳州地區方言將觀部擬音為［uan/uat］。

（三）“沽嬌稽恭高”五部音值的擬測

11. 沽部：沽部舒聲韻在《字典》裡讀作 koe［－ou］，麥氏說“音如我們英語 toe 和 hoe 的韻母。但不同的是開口較大（full mouth），寫出來像 ko－oo 這樣的音”，發音較［ou］大的音，相當於國際音標［ɔu］，漳州地區方言讀音不一：漳州、龍海、華安、南靖方言均有［ɔ］或［ɔʔ］韻，平和、漳浦、詔安方言則讀作［ɔu］韻，雲霄、東山方言讀作［ou］韻，惟獨長泰話讀作［eu］韻；沒有與之相配的促聲韻。今依《字典》和漳州地區方言將沽部擬作［－ou］。

12. 嬌部：嬌部舒聲韻在《字典》裡讀作 keaou［－iau］，麥氏說“這是個有三個母音的複母音，即 me 中的 e，far 中的 a，及 bull 中的 u，合起來音如 ke－yaou 讀成一個音節”，相當於國際音標［－iau］，現代漳州方言裡均讀作［－iau］。例如：“攪標瓢描椒小釣挑跳撩搜數”等均讀作［－iau］。嬌部舒聲韻字主要來源於中古效攝，少數來源於流攝、遇攝三等韻字。嬌部促聲韻在《字典》和現代漳州方言裡多數讀作［－iauʔ］。例如："唛唽蹴礉撟"等今均讀作［－iauʔ］。嬌部促聲韻主要來源於少數古入聲字和效攝韻字。今依《字典》和現代漳州地區方言將嬌部擬音為［－iau/iauʔ］。

13. 稽部：稽部舒聲韻在《字典》裡讀作 key［－ei］，麥氏說"這是一個很特別的音，有時聽起來像 ke－ay［kiɛ］，但通常是像法語的 e，或像 dey［dei］或 bey［dei］中的－ey"，相當於國際音標［－ei］，在現代漳州方言裡則有不同讀音：漳州各縣市方言多數有［e/eʔ］韻，惟獨平和安厚、下寨、九峰、蘆溪等地、漳浦方言有［iei］韻，雲霄、詔安方言有［ei］韻，東山有［ə］韻，詔安［ə/əʔ］、［ieʔ］二韻；此部沒有與舒聲韻相配的促聲韻。今依《字典》和現代漳州地區方言將稽部擬作［－ei］。

14. 恭部：恭部舒聲韻在《字典》裡讀作 këung［－iɔŋ］，麥氏說這個韻"跟 young 同韻，有人寫作 këong，與 song 押韻"，相當於國際音標［－iɔŋ］，現代漳州方言多數讀作［－iɔŋ］。例如："暢嵩中絨弓窮雄龍松重鐘共"等今均讀作［－iɔŋ］。恭部促聲韻在《字典》裡和現代漳州方言多數讀作［－iɔk］。例如："六宿逐軸熟錄促俗燭觸斥益"等今均讀作［－iɔk］。惟獨長泰、雲霄、東山方言讀作［－ioŋ］和［－iok］。今依《字典》和現代漳州地區方言將恭部擬音為［－iɔŋ/iɔk］。

15. 高部：高部舒聲韻在《字典》裡讀作 ko［－o］，麥氏說"這個音正好和 co－equal 中的 co 同音"，相當於國際音標［o］，在漳州地區方言裡有兩種讀音：漳州、龍海、華安、南靖、平和、漳浦、雲霄方言均讀作［－o/oʔ］；惟獨長泰、東山、詔安方言讀作［ɔ］韻。今依《字典》和現代漳州地區方言將高部擬作［－o/oʔ］。

（四）"皆巾姜甘瓜"五部音值的擬測

16. 皆部：皆部舒聲韻在《字典》裡讀作 kae［－ai］，麥都思說"在這個韻裡，a 音如 far 中的 a，e 音如 me 中的 e［i］，合成一個音節"，相當於國際音標［ai］，現代漳州方言裡均讀作［ai］。例如："胎災開腮鰓沛帶泰賴蓋大拜湃齋豺界解矮敗臍西犀內知獅梨利眉似使"等今均讀作［－ai］。皆部舒聲韻以蟹攝一二等韻字為主，少數四等韻字，部分止攝韻字。此部沒有與舒聲韻相配的促聲韻。今依《字典》和現代漳州地區方言將皆部擬作 [-ai]。

17. 巾部：巾部舒聲韻在《字典》裡讀作 kin [-in]，麥氏說："音如英語 kin [kin]，有時拉長，音如 ke-yin"，相當於國際音標 [ɪn]或 [iɨn]，現代漳州方言裡均讀作 [-in]。例如："根跟恨恩鱗親新申臻榛蓁溱斤勤殷迅均憑稱蒸興勝憐眩面淺稟品輕"等今均讀作 [-in]。巾部舒聲韻以臻、山攝 [-n]韵尾字為主，少數曾 [-ŋ]、梗 [-ŋ]、深 [-m]攝韻尾字演變讀作 [-n]韵尾。巾部促聲韻在《字典》裡讀作 [ɪt/iɨt]，現代漳州大多方言讀作 [it]。例如："密悉實吉疾乞訖迄桔息直敕食蝕脊瘠"等今均讀作 [-it]。巾部促聲韻以臻攝 [-t]韻尾字為主，少數曾、梗攝 [-k]韻尾演變為 [-t]韻尾。惟獨長泰讀作 [et]。今依《字典》和現代漳州地區方言將巾部擬作 [-in/it]。

18. 姜部：姜部舒聲韻在《字典》裡讀作 këang [-iaŋ]，麥都思說"這個韻的母音可以分開，音如 ke-yang，讀如 key [kiː]，接 anger 的前半 [æŋ -]，如 key-ang [kiaŋ]"，相當於國際音標 [iaŋ]。漳州各縣市方言多數有 [iaŋ/iak]韻，惟獨詔安話無此韻，凡普通話中的 [iaŋ/iak]韻，均讀作 [ian/iat]韻。例如："涼槍相張丈腔鏗映"等今均讀作 [iaŋ]。薑部促聲韻在《字典》和現代漳州方言（除詔安方言無 [iaŋ/iak]外）裡均讀作 [iak]。例如：掠削約灼腳逼劇屑怯"等今均讀作 [-iak]。今依《字典》和現代漳州地區方言將姜部擬作 [-iaŋ/iak]。

19. 甘部：甘部舒聲韻在《字典》裡讀作 kam [-am]，麥都思說"音如 kan（crooked 彎曲）或 comlet [kæmlit]（駱駝毛和絲混紡的布）"，相當於國際音標 [-am]，現代漳州方言裡亦均讀作 [-am]。例如："南参感含譚擔毯淡藍站蘸城鹹衫監銜沾淋簪飲"等今均讀作 [-am]。甘部促聲韻在《字典》和現代漳州方言裡均讀作 [ap]。例如："搭遝納盒合榻臘褡磕盍插壓狎獵躐十什"等今均讀作 [-ap]。今依《字典》和現代漳州地區方言將甘部擬作 [-am/ap]。

20. 瓜部：瓜部舒聲韻在《字典》裡讀作 kwa [-ua]，麥氏說"音如 koo-a，短音，尾音如 papa 的 a"，相當於國際音標 [-ua]，現代漳州方言多數讀作 [-ua]。例如："拖大籮歌簸破磨沙蛇瓦蛙帶泰賴蔡蓋外芥掛畫蛙話誓徙紙倚拋"等今均讀作 [-ua]。瓜部促聲韻在《字典》

和現代漳州方言多數讀作［－uaʔ］。例如：“獺辣擦喝抹捋闊活潑拔煞殺發伐泄熱”等今均讀作［－uaʔ］。惟獨雲霄和詔安方言有［－uɛ］韻母，雲霄還有［－uɛʔ］韻母。今依《字典》和現代漳州地區方言將瓜部擬音為［－ua/uaʔ］。

（五）“江兼交迦檜”五部音值的擬測

21. 江部：江部舒聲韻在《字典》裡讀作 kang［－aŋ］，麥氏說“（母音）a 如 far 的 a”，相當於國際音標［－aŋ］，現代漳州方言裡也擬作［－aŋ］。例如：“幫行汪崩江講港窗腔枋東同公烘翁馮夢冬松蜂縫重放香房望人蚊”等今均讀作［aŋ］。江部促聲韻在《字典》和現代漳州方言裡均讀作［－ak］。例如：“鑿北克剝搦駁確學腹曝木幅目六逐沃獄觸促縛”等今均讀作［－ak］。江部在詔安方言裡有［aŋ］、［ak］、［ɔŋ］、［ɔk］四個韻母，而且干部字“人蚊”也讀作［aŋ］。今依《字典》和現代漳州地區方言將江部擬音為［－aŋ/ak］。

22. 兼部：兼部舒聲韻在《字典》裡讀作 këem［－iɛm/iam］，麥都思說“複母音，音如 ke－yem，有些人念 ke－yam。把 key［kiː］和 them 的’em［ɛm］合起來，念快一點，就成 key－’em［kiɛm］”，相當於國際音標［－iɛm］或［－iam］，現代漳州方言裡均讀作［－iam］。例如：“喊暫縅斬岩鐮閃染鉗淹嚴釅欠劍添忝兼謙拈臨針沉”等今均讀作［－iam］。兼部促聲韻在《字典》裡讀作［－iɛp/iap］，現代漳州方言裡讀作［－iap］。例如“霎峽夾狹輒攝摺捷聶怯劫業帖諜俠篋蝶協汁澀粒涅捏竊"等今均讀作［－iap］。今依《字典》和現代漳州地區方言將兼部擬音為［－iam/iap］。

23. 交部：交部舒聲韻在《字典》裡讀作 kaou［－au］，麥都思說：“a 音如 far 裡的 a，ou 如 pound［paund］的 ou。譬如 cow 這個字，前頭有個 a，念成 ca－ow［kau］，就能發出這個音”，相當於國際音標［－au］，現代漳州方言裡也均讀作［－au］。例如：“到老糟草騷飽抛抄教鬥偷樓垢吼流臭九午賢哭”等今均讀作［－au］。交部促聲韻在《字典》和現代漳州方言裡分別擬作［－auʔ］。例如：“雹博浹貿”等今均讀作［－auʔ］。今依《字典》和現代漳州地區方言將交部擬音為［－au/auʔ］。

24. 迦部：迦部舒聲韻在《字典》裡讀作 këa［－ia］，麥都思說：

“這個韻的母音是分裂的，好像 ke－ya，a 音如 far 裡的 a”，英語沒有介音 i－，所以像薑［－iang］，迦［－ia］這樣的音，麥都思說“are divided”，相當於國際音標［－ia］，現代漳州方言裡亦均讀作［－ia］。例如：“姐爹蔗遮賒也瓦抬奇寄騎蟻蜈靴”等今均讀作［－ia］。迦部促聲韻在《字典》和現代漳州方言裡均擬作［－iaʔ］。例如：“削食拆額隙屐摘跡只赤僻癖役壁錫甓帙撇蝶糶”等今均讀作［－iaʔ］。今依《字典》和現代漳州地區方言將迦部擬音為［－ia/iaʔ］。

25. 檜部：檜部舒聲韻在《字典》裡讀作 köey，麥都思說：“本韻的發音已清楚表示出來了，它音如 ko－wey［－oei］，或如 co－agent 的合音 co－a［－oe］，嘴巴特別轉動”，相當於國際音標［－uei］或［ue］。漳州地區方言裡多數讀作［ue/ueʔ］，惟獨漳浦、雲霄、詔安方言讀作［uɛ/uɛʔ］。今依《字典》和現代漳州地區方言將檜部擬作［－uei/ueiʔ］。

（六）“監艍膠居丩”五部音值的擬測

26. 監部：監部舒聲韻在《字典》裡讀作 $k^{n}a$［－ã］，麥氏說：“這是一個鼻化音，（母音）如 far 中的 a”，相當於國際音標［－ã］，現代漳州方言裡亦均讀作［－ã］。例如：“擔藍三敢欖籃餡衫監岩林今甚麻碼馬拿那酵整”等今均讀作［－ã］。監部促聲韻在《字典》和現代漳州方言裡均讀作［－ãʔ］。例如：“唔摑”等今均讀作［－ãʔ］。今依《字典》和現代漳州地區方言將監部擬音為［－ã/ãʔ］。

27. 艍部：艍部舒聲韻在《字典》裡讀作 koo［－u］，麥氏說“音正如鴿子哭的 Coo［ku：］”，現代漳州方言裡均讀作［－u］。例如：“厝汙諸去夫傅敷扶無斯資次瓷肆師龜滋子司飼使母浮有負丘邱匏”等今均讀作［－u］。艍部促聲韻在《字典》和現代漳州方言裡均讀作［－uʔ］。例如：“拄吹焠”等今均讀作［－uʔ］。今依《字典》和現代漳州地區方言將艍部擬音為［－u/uʔ］。

28. 膠部：膠部舒聲韻在《字典》裡讀作 ka［－a］，麥氏說“音正如 cart 中的 ca”，相當於國際音標的［－a］，現代漳州方言裡也均讀作［－a］。例如“阿把爬巴查鵶材柴罷尻早飽教孝膠嘘軲扣蝌帳嚨攏乾腳”等今均讀作［－a］。膠部促聲韻在《字典》和現代漳州方言裡分別擬作

[－aʔ]。例如：“踏塔蠟臘插閘甲匣鴨押肉截”等今均讀作 [－aʔ]。今依《字典》和現代漳州地區方言將膠部擬音為 [－a/aʔ]。

29. 居部：居部舒聲韻在《字典》裡讀作 ke [－i]，麥氏說“音正如 Keep 中的 Kee”，相當於國際音標 [－i]，現代漳州方言裡也均讀作 [－i]。例如：“蔽弊制世肺迷謎啼碑披疲紫騎屁眉美指飼治機氣衣微女驢蛆徐序著縷趣輸區”等今均讀作 [－i]。惟獨詔安方言有部分字讀作 [－ɯ]。居部促聲韻在《字典》和現代漳州方言裡分別擬作 [－iʔ]。惟獨詔安方言有部分字讀作 [ɯ]。例如：“接摺鱉裂薛舌篋鐵缺蝕飾滴築蟋廿顫”等今均讀作 [－iʔ]。今依《字典》和現代漳州地區方言將居部擬音為 [－i/iʔ]。

30. ㄐ部：ㄐ部舒聲韻在《字典》裡讀作 kew [－iu]，麥都思說“音正如英文字母 q 的發音，又像 curious 中的 cu，或如 Ke－yew 讀成一個音節”，相當於國際音標 [－iu]，現代漳州方言裡也均讀作 [－iu]。例如：“洲九久丘彪謬丟樹”等今均讀作 [－iu]。沒有與ㄐ部舒聲韻相配的促聲韻。少數韻字在漳州某些方言裡讀作 [iuʔ]。今依《字典》和現代漳州地區方言將ㄐ部擬音為 [－iu]。

（七）“更褌茄梔薑”五部音值的擬測

31. 更部：更部舒聲韻在《字典》讀作 kai^{ng} [－ɛN]，麥氏說：“音如 5 嘉 Kay，轉入鼻音，ng 寫在上端，表示並非完全的音，只是通過鼻子發音；a 音有 care [kɛr]的 a，i 音如 marine [mərin]的 i”，根據麥氏的說明，此韻應該擬為 [－ɛ̃]。此韻在漳州地區方言裡有不同的讀音：漳州各縣市方言多數有 [－ɛ̃/ɛ̃ʔ]韻，惟獨長泰、華安、東山方言讀作 [－ẽ/ẽʔ]韻，龍海、平和方言除了有 [－ɛ̃/ɛ̃ʔ]韻外，還有 [－ẽ/ẽʔ]韻。今依《字典》和現代漳州地區方言將更部擬作 [－ɛ̃/ɛ̃ʔ]。

32. 褌部：褌部舒聲韻在《字典》裡讀作 kwui^{ng} [－uiN]，麥都思說：“本韻音類似 4（規）kwuy。但收以鼻音，而且彷彿消失於鼻內（按即鼻化母音之意）。它也可以寫成 Kooi^{ng}，這個小 ng 並無完全的音，只表示鼻音存在。i 音如 marine 中的 i”，相當於國際音標 [－uĩ]，現代漳州方言裡除了長泰、南靖方言外均讀作 [－uĩ]。例如：“管斷卵鑽算栓飯晚阮遠傳磚軟川門頓損昏孫問光荒黃方風水柚”等今均讀作［－uĩ］。而有些字如“方坊飯門晚轉頓斷褪團軟磚全鑽酸拴袮光卷廣管勸遠黃阮”等，長泰方言則讀作［ŋ］韻，而不讀作［－uĩ］。此部沒有與舒聲韻相配的促聲韻。今依《字典》和現代漳州地區方言將褌部擬音為［－uĩ］。

33. 茄部：茄部舒聲韻在《字典》裡讀作 këo［－io］，麥氏說“這個音可以分開（按即複母音之義），如 Ke－yo 所表示的音，發出來像 gëometry 的 gëo 音”，相當於國際音標［－io］，現代漳州方言裡亦均讀作［－io］。例如：“茄標瓢描霄橋釣挑叫暖相熱”等今均讀作［－io］。茄部促聲韻在《字典》和現代漳州方言裡均讀作［－ioʔ］。例如：“著約腳斫藥席尺石葉拾”等今均讀作［ioʔ］。惟長泰話讀作［－iɔ/iɔʔ］，詔安部分字讀作［io/ioʔ］或［－iɔ/iɔʔ］。今依《字典》和現代漳州地區方言將茄部擬音為［－io/ioʔ］。

34. 梔部：梔部舒聲韻在《字典》裡讀作 kee^{ng}，麥氏說“音如 29（居）Ke，而轉為鼻音”，相當於國際音標［－ĩ］，現代漳州方言裡也均讀作［－ĩ］。例如：“染添拈甜丸篇面淺鮮圓院邊匾辮片年哼豉彌此鼻蒞莉異寺你爾砒謎泥乳”等今均讀作［－ĩ］。梔部促聲韻在《字典》和現代漳州方言裡均讀作［－ĩʔ］。例如：“躡乜麼物”等今均讀作［－ĩʔ］。今依《字典》和現代漳州地區方言將梔部擬音為［－ĩ/－ĩʔ］。

35. 薑部：薑部舒聲韻在《字典》裡讀作 këo^{ng}，麥都思說“音如 33（茄）Këo，轉鼻音，如 Ke－Yëo^{ng} 所示的音”，相當於國際音標［－iõ］，在漳州地區方言裡有不同讀音：漳州、龍海、長泰、華安、東山、詔安均讀作［－iɔ̃］；南靖、平和、漳浦、雲霄均讀作［－iũ］。此部沒有與舒聲韻相配的促聲韻。今依《字典》和現代漳州地區方言將薑部擬作［－iɔ̃］。

（八）“驚官鋼伽閒”五部音值的擬測

36. 驚部：驚部舒聲韻在《字典》裡讀作 kë^{n}a［－iaN］，麥都思說“音如 24（迦）këa，帶鼻音。注意不要用完全的 n 來發音，像 ke－na，而是像 këa，或 ke－y^{n}a，通過鼻子發音”，相當於國際音標［－iã］，現代漳州方言裡也均讀作［－iã］。例如：“行丙驚迎兄餅名嶺精正營鼎聽健囝件痛惶向且艾”等今均讀作［－iã］。此部沒有與驚部舒聲韻相配的促聲韻，但漳州部分方言則有入聲韻。今依《字典》和現代漳州地區方言將驚部擬音為［－iã］。

37. 官部：官部舒聲韻在《字典》裡讀作 $kw^{n}a$［－uaN］，麥氏說“與 20（瓜）kwa 同（部位），但收強烈鼻音，像 Koo－$W^{n}a$ 一樣”，相當於國際音標［－uã］，現代漳州方言裡亦均讀作［－uã］。例如：“搬判盤滿官單散汗盞山阪晏關煎泉麻寡橫惰攤妹”等今均讀作［－uã］。此部沒有與舒聲韻相配的促聲韻。今依《字典》和現代漳州地區方言將官部擬音為［－uã］。

38. 鋼部：鋼部舒聲韻在《字典》裡讀作 ke^{ng}，麥氏說“這個音有人寫成 ko^{ng}，有人寫成 ku^{ng}。不過這差異無關緊要，因為本韻並沒有任何母音，讀如 k^{ng}”，相當於國際音標［－ŋ］，現代漳州方言裡除了長泰方言外，均讀作［－ŋ］。例如：《廣韻》唐韻字“榜湯郎倉髒”、陽韻字“長丈裝瘡央”、江韻字“撞扛”等今均讀作［－ŋ］。有些字如“榜湯倉長丈瘡央扛”等，長泰方言則讀作［ɔ̃］；而有些字如“方坊飯門晚轉頓斷褪團軟磚全鑽酸拴祘光卷廣管勸遠黃阮”等則讀作［－ŋ］韻。此部沒有與鋼部舒聲韻相配的促聲韻，但個別地方則有入聲。今依《字典》和現代漳州地區方言將鋼部擬音為［－ŋ］。

39. 伽部：伽部舒聲韻在《字典》裡讀作 kay［－e］，麥氏說“本韻非常類似 5（嘉）韻［－ɛ］，本字典用同樣的字母表示兩個音。但仔細檢驗，便可發現其中不同，第 5（嘉）韻的字比較像 Care［kɛr］中的 a［－ɛ］，但 39（伽）韻比較像 fate［feit/fe:t］中的 a［e］，跟 gay［gei/ge:］may［mei/me:］同韻”，相當於國際音標［－e］，在現代漳州方言裡有不同的讀音：漳州、龍海、華安、南靖、東山等方言讀作［e］；長泰方言讀作［e］或［ue］；雲霄方言讀作［e］或［ei］，詔安方言讀作［ə］或［ei］，平和城關方言讀作［e］，安厚等方言則讀作［iei］。“胎推短矮代袋退這脆坐螺”漳浦方言讀作［－ɛ］；“節雪莢篋啄歇笠拔狹”漳浦方言讀作［－ɛʔ］。今依《字典》和現代漳州地區方言將伽部擬作［e/eʔ］。

40. 間部：間部舒聲韻在《字典》裡讀作 kae^{ng}［－aiN］，麥氏說“音如 16（皆）韻 kae，但收有鼻音”，相當於國際音標［－ãi］，現代漳州方言惟獨華安話無此韻外均讀作［－ãi］。例如："乃鼐耐奈賴瀨籟癩艾買賣奶邁刈" 等今均讀作［－ãi］。此部沒有與舒聲韻相配的促聲韻。今依《字典》和現代漳州地區方言將閒部擬作［－ãi］。

（九）"姑姆光閂糜" 五部音值的擬測

41. 姑部：姑部舒聲韻在《字典》裡讀作 k^{n}oe［－ouN］，麥氏說"與11（沽）韻［－ou］同，但轉鼻音"，相當於國際音標［－õu］。例如："努奴駑五午偶藕槈" 等，在漳州地區方言裡有些字已經不讀作鼻化韻了，只有"奴駑怒偶午五摸" 等字讀作鼻化韻，而且有幾種不同讀音：漳州、龍海、華安、南靖、雲霄均讀作［－ɔ̃］；長泰讀作［－ẽu］；平和讀作［－õu］或［－ɔ̃］；漳浦、東山、詔安等地讀作［－ɔ̃u］或［－ɔ̃］。此部沒有與舒聲韻相配的促聲韻，但漳州某些地區有入聲韻。今依《字典》和現代漳州地區方言將姑部擬作［－õu］。

42. 姆部：姆部舒聲韻在《字典》裡讀作 u^{m}［－m］，麥氏說："發音時嘴唇不打開，有點像皺縮音 take' m 中的' m。它實際上只是一個 m 音，沒有任何母音在其前或其後，像無所謂的人回話時，懶得開口一樣"，相當於國際音標［－m］，現代漳州方言裡亦均讀作［－m］。例如："姆媒梅茅不" 等今均讀作［－m］。此部沒有與舒聲韻相配的促聲韻，但漳州有某些地區有入聲，如"默" 字讀作［mʔ^{8}］。今依《字典》和現代漳州地區方言將姆部擬作［－m］。

43. 光部：光部舒聲韻在《字典》裡讀作 kwang［－uaŋ］，麥氏說"（本韻）是由官話方言借來的音，可發成 koo－wang，成一音節"，相當於國際音標［－uaŋ］，現代漳州方言裡只有漳州、東山方言讀作［－uaŋ］，其餘方言均無此部。例如："光鈁闖" 等今均讀作［－uaŋ］。光部促聲韻在《字典》和現代漳州方言裡讀作［uak］。例如："叱咉" 等，《字典》均讀作［－uak］，現代漳州方言無此讀法。今依《字典》和現代漳州地區方言將光部擬作［－uaŋ/uak］。

44. 閂部：閂部舒聲韻在《字典》裡讀作 kwae^{ng}，麥氏說"（本韻）音似第8（乖）韻 kwae［－uai］轉入鼻音如 koo－wae^{ng}"，相當於國際音標［－uãi］，現代漳州方言裡除了華安、南靖、詔安無此韻外亦均讀作

[-uãi]。例如：“閂槺”等今均讀作 [-uãi]。閂部促聲韻在《字典》和現代漳州方言裡均讀作 [uãiʔ]。例如：“哵輵閼”等今均讀作 [uãiʔ]。今依《字典》和現代漳州地區方言將閂部擬作 [-uãi/uãiʔ]。

45. 糜部：糜部舒聲韻在《字典》裡讀作 Möey [-ueiN]，麥氏說“音如25（檜）韻 Köey，但以鼻音為始”，相當於國際音標 [-uẽi]，在現代漳州方言裡有不同的讀音：漳州各縣市方言多數有 [uẽ]，惟獨龍海、東山方言無此韻。今依《字典》和現代漳州地區方言將糜部擬作 [-uẽi/uẽiʔ]。

（十）“嘄箴爻扛牛”五部音值的擬測

46. 嘄部：嘄部舒聲韻在《字典》裡讀作 K^{n}eaou，麥氏說“音如12（嬌）韻 Keaou，轉鼻音”，相當於國際音標 [-iãu]，現代漳州方言裡亦均讀作 [-iãu]。例如：《廣韻》肴韻字“貓”、蕭韻字“嘄鳥蔦”等今均讀作 [-iãu]。嘄部促聲韻在《字典》和現代漳州方言裡分別擬作 [-iãuʔ]。例如：“岋蛲”等今均讀作 [-iãuʔ]。今依《字典》和現代漳州地區方言將嘄部擬作 [-iãu/ -iãuʔ]。

47. 箴部：箴部舒聲韻在《字典》裡讀作 Chom [-om]，麥氏說“本韻裡的 o 較響亮，如在 chop [tʃɔp]（的 o），與 Sombre [sɔmbə]的 som 同韻。但發音時嘴巴相當開（full）”，相當於國際音標 [-ɔm]，漳州各縣市方言多數有 [ɔm]韻，惟獨南靖無此韻。例如：“箴森参譖簪康”等今均讀作 [ɔm]。箴部促聲韻在《字典》裡讀作 [ɔp]，現代漳州方言裡讀作 [ɔp]。例如：“歃嚁喥”等今均讀作 [ɔp]。今依《字典》和現代漳州地區方言將箴部擬作 [-ɔm/ɔp]。

48. 爻部：爻部舒聲韻在《字典》裡讀作 gnaôu [-ãu]，麥氏說：“音如第23（交）韻 Kaou，但以鼻音為始”，相當於國際音標 [-ãu]，現代漳州方言裡亦均讀作 [-ãu]。例如：“惱撓鐃呶茅肴矛蝨蝥鍪藕”等今均讀作 [-ãu]。爻部舒聲韻來源於中古效攝和流攝，保留上古音的痕跡。沒有與爻部舒聲韻相配的促聲韻，但漳州某些方言有入聲。今依《字典》和現代漳州地區方言將爻部擬作 [-ãu]。

49. 扛部：扛部舒聲韻在《字典》裡讀作 k^{n}o [-oN]，麥氏說：“音如15（高）韻ko，而以鼻音始”，相當於國際音標［－õ］，此韻韻字在漳州地區方言基本上讀作［－ɔ̃］，惟獨“毛”字南靖讀作［－mũ］。扛部促聲韻在《彙集雅俗通十五音》上入声有“麼”字，漳浦方言讀作［－ɔ̃ʔ］，下入声有“膜”讀作［－ɔ̃ʔ］。今依《字典》和現代漳州地區方言將扛部擬作［－ɔ̃/ɔ̃ʔ］。

50. 牛部：牛部舒聲韻在《字典》裡讀作gnêw［－iuN］，麥氏說“音同30（ㄐ）韻，以鼻音始”，相當於國際音標［－iũ］，現代漳州、龍海、雲霄方言均讀作［－iũ］，其餘方言均無此讀法。此韻主要來源於中古開口韻流攝尤（少數）。例如：“牛扭鈕”今均讀作［－iũ］。此部沒有與舒聲韻相配的促聲韻。今依《字典》和現代漳州地區方言將牛部擬作［－iũ］。

以上是《彙集雅俗通十五音》50個韻部的歷史來源以及擬測情況。歸納起來，大致有以下不同于中古音的情況：

第一，陽聲韻部基本上是同韻尾、韻攝的重新組合。如：君、堅、幹、觀、巾五部基本上來源於臻攝和山攝，也雜有少數－ŋ尾或－m尾的韻攝，如：《廣韻》登韻字“曾肯”、覃韻字“蠶鵪”、談韻字“毯”、凡韻字“範”讀作［an］，蒸韻字“憑稱蒸興勝”讀作［in］等。又如：公、經、恭、姜、江五部基本上來源於通攝、江攝、宕攝、梗攝和曾攝，也雜有陰聲韻字、入聲韻字或－n尾韻攝，如《廣韻》模韻字“墓”讀作［－ɔŋ］韵母，鐸韻字“摸”也讀作［－ɔŋ］韵母，真韻字“人”讀作［－aŋ］韵母，文韻字“蚊”讀作［－aŋ］等。又如：金、甘、兼、箴四部基本上來源於深攝和咸攝，也雜有－n尾韻或－ŋ尾韻，例如《廣韻》真韻字“刃忍哂”讀作［im］韵母，東韻字“熊”讀作［im］韵母等。

第二，陰聲韻基本上也是鄰近韻攝的重新組合。如：規部基本上來源於蟹攝和止攝的合口韻字，稽部基本上來源於蟹攝和止攝的開口韻字，嘉部基本上來源於假攝開口韻字和蟹攝少數的開口韻字，沽韻基本上來源於遇攝韻字，少數流攝韻字；嬌韻字基本上來源於效攝韻字，少數來源於遇攝、流攝韻字；稽韻字主要來源於蟹攝韻字，少數止攝韻字；高韻字主要來源於果攝、部分效攝韻字；皆韻字主要來源於蟹攝，部分止攝韻字；瓜韻字主要來源於果、假、蟹、攝韻字，少數來源於效攝韻字；交韻字主要來源於效攝、流攝韻字，少數來源於遇攝、山攝、通攝韻字；等等。

第三，與大部分陽聲韻相配的入聲韻，《彙集雅俗通十五音》和《福建方言字典》收清輔音尾 -t、 -k、 -p。如：君、堅、幹、觀、巾五部促聲韻均收 -t 尾，公、經、恭、姜、江、光六部均收 -k 尾，金、甘、兼、箴四部均收 -p 尾。但 -t、 -k、 -p 尾也出現演變情況：-k 尾韻有演變為 -t 尾的，如麥韻字“核”讀作［ut］，德韻字“塞賊”、職韻字“力值識”讀作［at］等；-t 尾韻有演變為 -k 尾的，如質韻字“栗”讀作［ik］，屑韻字“屑”讀作［iak］，黠韻字“叱”、薛韻字“呹”讀作［uak］；-t 尾韻有演變為 -p 尾的，如屑韻字“涅揑竊”讀作［iap］；-p 尾韻有演變為 -t 尾的，如乏韻字“乏”讀作［uat］；-p 尾韻字有演變為 -k 尾的，如業韻字“怯”讀作［iak］。

第四，與陰聲韻或聲化韻相配的入聲韻，《彙集雅俗通十五音》和《福建方言字典》多數收喉塞音尾 -ʔ。如：“嘉、嬌、高、瓜、交、迦、檜、艍、膠、居、茄、伽”12 個陰聲韻部和“監、更、梔、閂、糜、嘄、扛”7 個鼻化韻部均收 -ʔ 尾。只有“規、沽、稽、皆、丩”5 個陰聲韻、“褌、薑、驚、官、間、姑、爻、牛”8 個鼻化韻、“鋼、姆”2 個聲化韻，《彙集雅俗通十五音》和《福建方言字典》均無配入聲韻。

通過以上分析和研究，我們將《彙集雅俗通十五音》的 50 個韻部 85 個韻母擬音如下：

1. 君[un/ut]	2. 堅[ian/iat]	3. 金[im/ip]	4. 規[ui]	5. 嘉[ɛ/ɛʔ]	6. 幹[an/at]
7. 公[ɔŋ/ɔk]	8. 乖[uai/uaiʔ]	9. 經[eŋ/ek]	10. 觀[uan/uat]	11. 沽[ou]	12. 嬌[iau/iauʔ]
13. 稽[ei]	14. 恭[iɔŋ/iɔk]	15. 高[o/oʔ]	16. 皆[ai]	17. 巾[in/it]	18. 姜[iaŋ/iak]
19. 甘[am/ap]	20. 瓜[ua/uaʔ]	21. 江[aŋ/ak]	22. 兼[iam/iap]	23. 交[au/auʔ]	24. 迦[ia/iaʔ]
25. 檜[uei/ueiʔ]	26. 監[ã/ãʔ]	27. 艍[u/uʔ]	28. 膠[a/aʔ]	29. 居[i/iʔ]	30. 丩[iu]
31. 更[ɛ̃/ɛ̃ʔ]	32. 褌[uĩ]	33. 茄[io/ioʔ]	34. 梔[ĩ/ĩʔ]	35. 薑[iɔ̃]	36 驚[iã]
37. 官[uã]	38. 鋼[ŋ]	39. 伽[e/eʔ]	40. 間[ãi]	41. 姑[õu]	42. 姆[m]
43. 光[uaŋ/uak]	44. 閂[uãi/uãiʔ]	45. 糜[uẽi/uẽiʔ]	46. 嘄[iãu/iãuʔ]	47. 箴[ɔm/ɔp]	48 爻[ãu]
49. 扛[ɔ̃/ɔ̃ʔ]	50. 牛[ĩu]				

三　聲調系統比較研究

通過麥都思對漳州音的描寫，我們可以知道，麥氏只分高、低調，上去和下去都歸低調，沒有中調；其次，麥氏只分平板調和屈折調，升說“升”，降則以“用力”表示，低降調以沙啞形容；再次，開尾入聲只說“急促收束”，沒有提到是否有喉塞音，似乎認為急促收束自然就附帶喉塞音韻尾了，所以不必說明。

1. 上平：麥氏說：“如其調名所示，是個溫和的平板調，沒有任何費力，溫柔地吐出最平常的樂音。不升不降，沒有強調，沒有不自然。故不加調號，如：君 kwun。”

2. 上上：麥氏說：“如其調名所示，是個高而尖銳的聲音，用力而迅速，故加銳聲符（accute accent），如：滾 kwún。”

3. 上去：麥氏說：“是個低啞的調子。好像從喉嚨急速吐出，然後緩緩持續。中國人稱之為‘去聲’，說是：如水之流去不復返。故加重音符（grave accent），如：棍 kwùn。”

4. 上入：麥氏說：“急促收束的聲音。有點像上聲快速發音急速停止。用一個短音符 V 加以分別。以母音結尾（陰聲）時加－h，如 ko，kŭh；如以子音結尾（陽聲）時，－n 入聲用－t，如：君 kwun，骨 kwut；－ng 入聲用－k，如：經 keng，激 kek；－m 入聲用－p，如：甘 kam，鴿 kap。”

5. 下平：麥氏說：“是個曲折調，先低後高，發音時稍作延長，再轉他調。有似英語嘲諷的口氣，或高喊‘indeed!’的調子。如：群，有人標為 kwun 為印刷便利，標為 kwûn。”

6. 下上：麥氏說：“與上上同，合稱‘上聲’。”

7. 下去：麥氏說：“是個低、長、單調的調子，有似去聲，但不沙啞低沉，故以水平線表之。如：郡 kwūn。”

8. 下入：麥氏說：“是兩個調子的結合。急促如上入，屈折如下平。故以垂直線表之。如：ka̍h，ka̍t，ka̍p，kwa̍t。”

彙集雅俗通十五音	福建方言字典	現代漳州十個縣市方言聲調									
		漳州	龍海	長泰	華安	南靖	平和	漳浦	雲霄	東山	詔安
上平聲	44	44	44	44	44	44	33	55	55	44	14
上上聲	41	53	53	53	42	53	52	53	53	52	52
上去聲	21	21	21	21	21	21	21	11	21	21	121
上入聲	32	32	32	32	32	32	42	32	4	32	32
下平聲	13	12	13	24	13	23	12	213	23	13	35
下上聲	——	——	——	——	——	——	——	——	——	——	——
下去聲	22	22	22	22	22	22	22	33	22	33	22
下入聲	23	121	4	232	23	23	13	14	12	12	13

根據麥都思的描寫和對現代漳州地區方言聲調的比較，我們可以擬定19世紀初《彙集雅俗通十五音》所反映的漳州方言聲調的調值：

上平聲：44　　下平聲：13

上聲：41

上去聲：21　　下去聲：22

上入聲：32　　下入聲：23

總而言之，《彙集雅俗通十五音》韻母系統和現代漳州方言韻母系統大致相同，但也有部分差異。它說明了漳州方言在近兩百年確實發生了一些變化。

四　《彙集雅俗通十五音》音系性質

考證《彙集雅俗通十五音》的音系性質，我們採用“尋找內部證據”“尋找文獻資料證據”以及“特殊韻部考證”等三種方法來進行論證。

1. 從《彙集雅俗通十五音》的內部尋找證據

閩南方言的發源地漳州有三種方言韻書，即《彙集雅俗通十五音》《增補彙音》和《渡江書十五音》。要分析其音系性質，可以從韻書中尋找證據。李榮曾在《渡江書十五音・序》中說：

> 平常都說閩南話有泉州腔，廈門腔，漳州腔，潮州腔之分。本書一一九葉拱韻喜母：“享，泉啌。”一二九葉閣韻門母：“蔔，泉啌。”一四七葉近韻喜母：“恨，恨心也，泉啌。”二〇一葉揑韻語母，“雅，泉啌。”同葉⿸尸彖韻治母，“說，說話，潮啌。”這裡的“說”是訓讀字，本地俗字作“咀”。啌字就是腔字，見本書一四八葉、二一四葉。

李榮受到《彙音妙悟》“管部注‘漳腔，有音無字’”的啟發，從《渡江書十五音》找到標注“泉腔”四例、“潮腔”一例，從而排除了該韻書屬泉腔和潮腔的性質。他又找到“本腔”一例，提出可據此進行研究。此乃內部尋找證據的重要方法之一。

為此，筆者在分析《彙集雅俗通十五音》的音系性質時也同樣可以採用這種方法。經考察，發現書中有一個地方提到漳腔（指漳州腔）：

> 江字韻英母“汪，漳腔，姓也”。

有七個地方提到海腔（海澄腔，即今龍海腔）：

> 久字韻柳母“汝，海上腔”；久字韻入母“乳，海腔”；久字韻語母“語，海腔～”；句字韻去母“去，海腔”；舊字韻他母“筯，海腔”；舊字韻語母“遇，海腔，相～”；茄上平聲字韻求母“茄，海腔”。

有一個地方提到廈腔（指廈門腔）：

> 閑字韻求母“閑，廈腔”。

根據李榮的說法，《彙集雅俗通十五音》內部所提供的證據可以證明其音系不是漳腔、廈腔，更不是海腔。

2. 從文獻資料裡尋找證據

《彙集雅俗通十五音》詳細地記載了漳州音的聲類、韻類和調類，至於其音值，我們必需根據當時的文獻材料和現代漳州方言材料進行歷史的比較才能確定。然而，漳州地區有漳州、龍海、長泰、華安、南靖、平和、漳浦、雲霄、東山、詔安等10個縣市的方言，究竟此部字典和《彙集雅俗通十五音》代表何地方言？根據杜嘉德《廈英大辭典》序言說麥都思這部字典“記的是漳州音（Or more accurately the sound of Chang – poo i. e. CHiun – phó͘ 更精確的說，是漳浦音）”。倘若仔細地考察現代漳州方言，杜嘉德的說法是可信的。麥都思在字典中以羅馬字來給《彙集雅俗通十五音》記音，對《彙集雅俗通十五音》的切法及音類、音值有非常詳細的描寫和敘述。由於麥都思與謝秀嵐是同時代的人，因此這部字典的記錄就成為研究《彙集雅俗通十五音》，即19世紀初期的漳浦音的最寶貴的資料。本書參考了臺灣學者洪惟仁的《麥都思〈福建方言字典〉的價值》，並結合福建閩南方言的研究成果，構擬出《彙集雅俗通十五音》音系的音值。

3. 對《彙集雅俗通十五音》特殊韻部“稽”和“伽”進行的考證

“稽”和“伽”是最能反映《彙集雅俗通十五音》音系性質的特殊韻部。該韻書存在著“稽”和“伽”二部的語音對立。這兩部在漳州10個縣市的讀音不一：漳州、龍海、長泰、華安、南靖、東山等方言均讀作［e/eʔ］，平和部分讀［e/eʔ］（安厚話讀［iei］），漳浦方言讀作［iei］或［ei］和［e/eʔ］，雲霄讀作［ei］和［e/eʔ］，詔安方言有［ei］和［e/eʔ］幾種讀法。《彙集雅俗通十五音》稽韻今依《福建方言字典》擬音為［ei］，伽韻擬音為［e/eʔ］，反映了漳州市漳浦縣方言音系特點。而《增補彙音》稽韻字則包括《彙集雅俗通十五音》稽韻和伽韻字，擬音為［e/eʔ］。《渡江書十五音》雞韻字也包括《彙集雅俗通十五音》稽韻和伽韻字，均讀作［e/eʔ］。這說明《彙集雅俗通十五音》有別於《增補彙音》《渡江書十五音》兩部韻書。請看下表：

韻書	聲調							
	上平	上上	上去	上入	下平	下上	下去	下入
雅/稽	街溪推胎	短姐這矮買	計帝退脆	——	黎螺題迷	——	袋遞代坐賣系藝會	——
雅/伽	推胎遮	短姐這若惹矮	退塊處脆	八莢鍥篋啄節雪攝歇	螺瘸個		袋遞代坐賣系	笠拔奪提截絕狹峽
增/稽	街溪推胎鍋	短姐這矮假扯買	計帝世塊	八莢鍥篋啄節雪歇	黎螺題迷爬鈀皮	袋遞坐賣系藝能		笠拔奪截絕狹月
渡/稽	街溪推胎渣沙砂差	短姐這矮假扯把	計帝世價嫁制	八莢鍥篋啄節雪歇伯百骼客	黎螺題迷爬鈀茶牙		袋遞坐賣系藝能會	笠拔奪絕狹白

以上是《彙集雅俗通十五音》音系性質的考求方法，說明該韻書反映的是清代漳浦縣方言音系，与《增補彙音》和《渡江書十五音》反映的方言音系是不一样的。

【参考文獻】

（北宋）陳彭年等：《大宋重修廣韻》，中華書局 1960 年版。

（北宋）丁度等：《集韻》，中國書店 1983 年版。

（清）黄謙：《增補彙音妙悟》，光緒甲午年（1894）文德堂梓行版。

（清）謝秀嵐：《彙集雅俗通十五音》：1818 年文林堂出版，高雄慶芳書局 1948 年影印本。

無名氏：《增補彙音》，上海大一統書局 1928 年石印本。

編者不詳：《渡江書十五音》，東京外國語大學亞非言語文化研究所 1987 年影印本。

麥都思（W. H. Medhurst）：《福建方言字典》，成書於 1831 年。

福建省龍海市地方誌編纂委員會：《龍海縣誌・方言誌》，東方出版社 1993 年版。

福建省平和縣地方誌編纂委員會：《平和縣誌・方言誌》，群眾出版社 1994 年版。

福建省漳浦縣地方誌編纂委員會：《漳浦縣誌·方言誌》，方誌出版社 1998 年版。

福建省詔安縣地方誌編纂委員會：《詔安縣誌·方言誌》，方誌出版社 1999 年版。

福建省東山縣地方誌編纂委員會：《東山縣誌·方言誌》，中華書局 1994 年版。

福建省南靖縣地方誌編纂委員會：《南靖縣誌·方言誌》，方誌出版社 1997 年版。

福建省雲霄縣地方誌編纂委員會：《雲霄縣誌·方言誌》，方誌出版社 1999 年版。

福建省華安縣地方誌編纂委員會：《華安縣誌·方言誌》，廈門大學出版社 1996 年版。

福建省長泰縣地方誌編纂委員會：《長泰縣誌·方言誌》，油印本，1994 年。

洪惟仁：《麥都思〈福建方言字典〉的價值》，《臺灣文獻》1990 年第 2 期。

洪惟仁：《漳州三種十五音之源流及其音系》，《臺灣風物》1986 年第 3 期。

洪惟仁：《漳州方言韻書三種》，（臺北）台語出版社 1989 年版。

黃典誠主編：《福建省誌·方言誌》，方誌出版社 1998 年版。

黃典誠：《漳州〈十五音〉述評》，《漳州文史資料》，1982 年。

黃典誠：《〈渡江書十五音〉的本腔是什麼》，《廈門民俗方言》1988 年第 5 期。

馬重奇：《〈彙集雅俗通十五音〉聲母系統研究》，《古漢語研究》1998 年第 4 期。

馬重奇：《〈彙集雅俗通十五音〉韻部系統研究》，《語言研究》1998 年第 3 期。

馬重奇：《〈增補彙音〉音系研究》，《中國音韻學研究會第十次學術討論會暨漢語音韻學第六屆國際學術研討會論文集》，香港文化教育出版社有限公司 2000 年版。

馬重奇：《〈渡江書十五音〉音系性質研究》，《中國語言學報》第 10

辑，商務印書館 2001 年版。

馬重奇：《閩台方言的源流與嬗變》，福建人民出版社 2002 年版。

袁家驊等：《漢語方言概要》，語文出版社 2001 年版。

新編《彙集雅俗通十五音》

馬重奇　孫俊濤　新著
謝秀嵐　原著

彙集雅俗通十五音

字母共五十字

君汾堅軒金深規歸嘉加
干蘭公薄乖怪經情觀猿
沽闘嬌遥稽遞恭竹高果
皆埃巾恩姜尚甘堪瓜花
江學兼念交鬧迦若檜囮
監那艍夫膠些居女ㄐ有
更箏褌荒茄少梔婿薑娘
驚且官寡鋼床伽夜閑買
姑孤姆姆鼻音光闖門樣鼻音糜白腔鼻音妹
嗚烏鼻音箴怎爻接扛我長泰牛牛鼻音

切音十五字字頭起

連音呼

柳邊求去地頗他曾入時
英門語出喜

呼十五音法　餘皆仿此

柳理邊比求己去起地底
頗鄙他恥曾止入耳時始
英以門美語禦出取喜喜

五十字母分八音

君滾棍骨羣滾郡滑

堅蹇見結○蹇健傑

金錦禁急○錦⿰忄禁及

規鬼季○葵鬼櫃○

嘉假嫁骼枷假下逆

干柬澗葛○柬○○

公廣貢國狂廣狂咯

乖拐怪○○拐○○

經景敬格煢景梗極

觀琯貫決權琯惓橜

沽古固○糊古怙○

五十字母分八音

嬌皎叫勪橋皎轎嗷

稽改計莢鮭改易○

恭拱供菊窮拱共局

高果過閣翗果膏○

皆改介○○改○○

巾謹艮吉○謹近⿰米建

姜繈○腳強繈倞矍

甘敢鑑鴿銜敢鑑○

瓜凹卦嘓○凹○○

江港降角○港共磔

兼检剑夾咸检鐱○

五十字母分八音
交狡教餃侯狡厚○
迦○寄○伽○崎屐
桧粿桧郭葵粿趶鱠
监敢酵○擥敢○○
艍韮句⿰舌欠鏍韮舅○
膠絞教甲○絞齩○
居己既築期己具○
丩久救○求久舊○
更耞徑○○耞○○
襌捲卷○○捲○○
茄○叫腳茄○轎○

五十字母分八音
梔○見○墘○○○
薑○○○強○⿱畺言○
驚囝鏡○行囝件○
官寡觀○寒寡汗○
鋼○槓○○○○○
伽○○莢⿸疒离○○○
閒⿰酉奈○○○⿰酉奈○○
姑○○○○○○○
姆○○○○○○○
光○○○○○○咉
閂○○○○○○○

五十字母分八音

糜○○○○○○○

嗅○○○○○○○

箴○譖○○○○○

爻○○○○○○○

扛○○○○○○○

牛齒音顶平○○牛○○○

目錄終

彙集雅俗通十五音

卷一字母

君堅金規嘉

1君上平聲 君字韵

•柳 縮 |頭 •邊 騈 黑| 黷 仝上 分 開|

•求 君 尊也 褌 褻也 裩 仝上 軍 萬二千五百人為軍又將|也

•去 坤 卦名地道又妻道也 昆 兄弟也 崑 山石 蜫 虫之總名 鯤 大魚名也 髡 髟剔髮也又人名 鶤 大雞 困 員屬 菌 小簟

麕 鹿之總名 峮 嶙山相連 琨 美玉 焜 耀也

•地 敦 厚也勉也 墩 平地有堆 惇 厚也信也 [illegible] 高勢又山 迍 |邅 芚 物始生也 諄 |詳 燉 火盛 噋 性不爽也

窀 |穸下棺 鈍 刀不利也

•頗 奔 戰敗疾走 犇 仝上 賁 虎|勇士 噴 鼓鼻噀也 歕 吹氣吐也 [illegible] 古奔 [illegible] 洗米汁

•他 吞 咽也餐也并也又滅也 焞 灼炬又明 椿 木名|父 噋 日始出皃又性不爽利也 涒 歲在申曰|灘 軘 下棺車 黗 |[illegible]不潔又黃色也

•曾 僎 鄉飲酒禮 僔 仝上 尊 高也重也貴也敬長也 樽 木器 鐏 酒器 遵 循也習也率也 嶟 山高 蹲 踞也 惇 心實 屯 物之始生厚也難也

肫 懇誠之也 窀 穸下棺也 諄 誨言重複 啍 以己誨人 噂 聚語 鱒 魚名 濆 身寒動也

•入○ •時 孫 子之子香也又姓草 猻 猴| 飧 夕食 飱 食夕孰食 槂 公|木名

● 英 温柔也暖也和厚又姓 溫俗字 氳氤｜元氣交密之狀 熅鬱烟 瘟｜疫 薀水菜 馧蒕｜香氣之盛 豱豚｜

鰛鱼名又大也 蒕蒕｜盛也 ● 門 ○

● 語 ○ ● 出 春四時之首 村鄉居 邨仝上 萅古春 旾古春 伸直也

● 喜 分賦也與也別也創豐也裂也十厘曰｜ 昏日冥暗也昧也 昬俗古｜姻 婚｜姻 惛心不明也 惽亂也癡也 閽守門隸也 熏火烟上出以火｜物

薰香艸 燻火氣盛 曛日入餘光 矄日暗 醺醉也 獯匈奴號也 臐羊羹 塤樂器 壎仝上 勳能成王功

勛古字 葷辛臭之菜蔥蒜之類 煇灼也 焄香氣 芬花草香也 氛祥氣也又妖氣 棼亂也 雰雪皃 紛雜也亂也 梤香目

殙亡也病也不明了也 馚香氣而又音焚 殙病亡 緍絲綸 痻病也 烟爨寒物也 纁殘絳之色 㑔同閽也 汾水名

君上上聲 滾字韻

● 柳 惃瞳憩無廉隅也 稐束也 稐束禾｜麥也又｜麵 忍莫妄作也 碖石｜麥也 輑車｜輪速

● 邊 本根本又預為後設曰｜始又張｜又書｜ 畚蒲器所以盛種 畚盛土器 匾｜檐

● 求 滾大水流 袞卷龍衣也 掍轉也 諢順言謔 緄繩也｜ 呁吐也 鯀大魚 䃂耕種也 𠊪仝袞 𠑐仝袞 輥車軫

● 去 捆織也叩搰 ｜上下通 宭困迫 捃摭｜拾取 悃實情 懇｜到｜求信也悃也 墾仝上 豤齧物也 綑織也 稛滿也束也

裍縛衣 墾闢也治也开田也 梱門橛 閫仝上 壼官中衖 綑輪丨束也 僒困乏也

●地 盾櫓丨之屬 伅倱四凶名 楯仝上又欄 礅石可踞者 囤籧也篅也

●頓 撴上車丨 翸飛也 栩飛起走也 呠潠水也 喯古同喷

●他 汆水推物也 惛癡皃 黗黑狀 腯 腞肥丨

●曾 准許也 剸減丨斷也 撙丨節 準俗准字 僔恭敬也眾聚也 準平也則也度也倣也 隼鶻屬 鷷急疾之鳥 鱒魚名

噂聚語 繜仝尊

●入 ○

●時 損減也傷也失也 榫剡木入竅 筍竹芽 笋仝上 簨簴所以懸鐘磬者

●英 允信也肯也 𠃓俗允字 狁玁丨匈奴別名也 吮救丨 隕從高墜也 殞殁也 傊 穩安也殿聚 賰丨椿富有 頩面目不正

愪憂也 磒墜也 吮救丨

●門 刎割也斷也 吻口脣邊也 蚊齧人飛虫 蟁仝上 䁅暗也 伆離也斷也 芴牆丨草名 脗合口也凡事相同曰丨合

抆揩拭也孤子唫而丨淚又摩也 㦖煩丨 捫持也按也

● 語 ○

● 出 忖 思也度也 偆 仝椿 僢 與舛仝 舛 差也 蕣 茶晚取也 瞬 目數搖也 喘 疾息也 賰 厚也富也 蠢 虫動作也

⿰口春 吹也 ⿱⺮舛 以竹貫物

● 喜 粉 米細末又傳面者又一飾 佷 與很仝 很 丨戾 坋 塵坋 坌 仝上 忿 恨也怒也 倱 伅不通 黺 丨綵文

⿰黑昏 黑也 僨 覂敗也 吩 吐氣 惲 謀議 憤 懣也怒也

君上去聲 棍字韻

● 柳 恖 員丨 淪 水中拽物

● 邊 糞 肥丨可以壅物也

● 求 棍 丨棒光丨 諢 摩人 ⿰黑昆 純黑色

● 去 困 窮也極也晬也病也倦也劇力乏 𡾊 山形 𣇄 日光 睏 曲调睡眠 睡 卧也

● 地 頓 下首至地貯也食也次也懷也 扽 引也撼也 蕡 牛丨草

● 頗 吩 吐氣 㗓 仝上 喯 噀水 逩 走也 泍 水急 噴 鼓鼻也嚏也噀也吐也

● 他 瘏 病善食餓丨也 褪 卸衣也花謝也 飩 厚味 黗 丨䵪不干事也

● 曾 俊 智過千人曰丨秀也 儁 仝上又衛絕異勝也 雋 仝俊 峻 高也嚴急 嶲 高也長也險也又遠也 㒞 慧也 狻 狡兎 竣 事已完丨 浚 深也淘也

逡 退也縮也 濬 深通川也又深之也 畯 勸農之官 餕 所食之餘 駿 良馬又犬 鱒 魚入泥也 睃 視也 圳 水丨俗字 鋑 彫刻也

● 入 〇

● 時 舜 有虞氏號 傳 遠也疾也從也 蕣 木槿 巽 入也順也又少年白髮曰丨 遜 順也謙恭也 孫 仝上 瞚 開闔目數搖也

橓 木名 瞬 仝上又丨息 巺 仝巽 潠 亦噴也 噀 仝上噴也

● 英 慍 心所蘊積而怒也 蘊 積也藏也 搵 按物水中 縕 絮也枱著也 醞 釀也又藉又合蓄也 韞 包藏也 溫 丨籍

● 門 〇

● 語 〇

● 出 寸 丨尺

● 喜 訓 教誡解釋 僨 僕也 刏 羊羹也 馴 古訓字 奮 俗奮 奮 揚也又鳥張兩翼也 糞 穢也培也 焄 火乾物也 楥 鞋丨

君上入聲 骨字韻

● 柳 甪出也 角不佳也 甩人名 ● 邊 不非也未也 扒爬也 朳杷丨

● 求 骨筋丨 榾构丨木名 䅤莖丨也

● 去 窟孔穴 淈水深 堀突穴 朏俗屈 崫丨兒秃山又穴 屈曲也欝也請也軋也 絀猶屈伸也 䐊臂也

● 地 䂜短兒 咄呼也嗟也丨丨驚 怡憂心 柮榾丨短木 飿餶丨兒麵粿也

● 頗 昢日出 朏月木盛明也又月三日生明之兒 誖按物声 黜香也 婷乳丨女肥兒

● 他 怵恐也惕也 挆傷丨也 秃無髮 鵚鶖丨鳥名 踈足踩 黜貶斥 痜頭瘡

● 曾 卒兵也既也盡也終也又窘也 倅百人為丨 卆俗卒字 卒兵丨 捽持頭髮也 窟將物出穴

● 入 ○ ● 時 率領也循也皆也略也 恤憂也愍也賙也收也 倅行也 逹遵也 戌辰名 咄口吹 窣穴中卒出也

卹賑丨 賉仝上 帥先導也 蟀蟋丨虫名 ⿺風率風聲 ⿰率刂同剎

● 英 熨以火伸繒從上按下 菀茂也丨鬯 鬱氣也帶也腐臭不通也抑屈也 欝仝上 叞熨本字 殟心悶也又胎敗也 ⿰殳頁納頭水中也 ⿰扌欝戾也

⿱宀艮火種 鬱抑丨 尉 爩煙出煙氣

● 門 魩小魚名也 示細也 ● 語 ⿱林亏疾也 矹勞極也 ⿰犭屈獸名

● 出 出 入之對也退也見也吐也寫也斥也生也 齣 演唱一｜一入曰｜

● 喜 弗 不可不然 乀 古戾字 彿 彷｜ 佛 拂戾彷拂 拂 去也拭也 ⿰巾弗 用以韜髮 怫 逆也 咈 違也 唿 憂也 綍 大索

紼 繫印組也又引索也 紱 印組又朱｜朱裳也 袚 蔽膝 韍 仝上印組 黻 ｜之 祓 除惡祭也 髴 髣｜見不審也 惚 恍｜失意 忽 倏也滅也輕也忘也

囫 圇全吞也 笏 手拔玉｜ 甶 鬼頭 ⿸厂忽 佛名 ⿰忄曶 高皃 曶 出氣詞也 ⿱勿豕 豕屬 ⿱白豕 仝上 ⿺風弗 小風又疾 颰 仝上 ⿰巿攴 破也

⿺風忽 疾風 欻 風吹起也 艴 怒也

君下平聲 群字韻

● 柳 輪 車｜又回旋也 侖 思也又昆｜天形也 倫 輩也等也比也理也次序也 圇 囫｜仝吞 崙 崑｜山名 崘 仝上 掄 擇也 腀 皮｜骨｜

綸 絲｜彌｜ 論 說也思也紬繹也 淪 沒也 ⿰口侖 地名

● 邊 歕 吹氣也又吐水也

● 求 群 眾也聚也 宭 群居 羣 仝上 帬 下裳 ⿰巾君 裙 俱仝上

● 去 捆 髮也聚也 ⿰虫困 虫蛇蝹｜ 緄 紩也

● 地 脣 口｜ 唇 仝上 漘 水涯上平下深曰｜ 豚 豕也 豘 猪兒 屯 勤兵而守又｜田也 魨 河｜魚名 臀 腿壓又底 吨 不｜了也 軘 兵車

● 頗 盆 盎缶又姓 ⿱艹盆 䙬｜子 ⿰口盆 吐也 湓 水溢也驟雨也

●他塵｜垢埃豚猪｜｜猽貚野豕黗污穢也

●曾存恤問也有也察也在也不亡也拵據｜逡巡也退也縮也船渡人

●入○

●時巡巡字之差侚疾也傳仝上偱述也循順也依也又｜環又因｜徇撫也順也狥俗徇字洵信也

淳質也樸也惇厚也信也恂信也嚴謹詢咨也旬十日峋山有起伏珣玉名㡄領耑荀草名又姓郇地名又姓

巡視也又逡｜卻退皃犉黃牛黑犉醇醲厚鶉鳥名馴從也以漸而致也殉偶人從塟又從求也絢縱也繞也栒杶木別名

杊木名鉏柄純粹也全也篤也誠也不雜也焞盛也

●英沄水轉流澐江水大波縜网繩

●門文草也理也禮也又章｜詞又姓也旻秋天日也雯雲成章也紋織｜捫撫也持也模也門｜户聞受聲⿱番耳仝上

糜赤粱之粟也亹兩山峙立如門頣頭多殟｜們你｜我｜饅｜頭粿名

●語輑連也⿱君手牛黑耳也

●出僔敬也

●喜⿰亻軍姓也墳｜墓幩鑣飾汾水名地名渾濁也｜噩濆水涯枌白榆蕡草名多寔痕瘢皃瘒癡皃羵大首羊

朌大首皃頒仝上焚燒也緄縱也縫也餛｜飩魂｜魄一身之精隨身出入者棞圓｜大木未剖雲山川之氣升天也

君下上聲 滚字韻全韻與上上同

君下去聲 郡字韻

●柳 論議丨辨丨 崙山丨山瘠 ⿰口侖仝上 閏丨月 軟丨餅

●邊 笨粗丨 ⿱⺮囮貯谷 悴性不慧也 体劣也又粗 ⿱⺮屯判竹圜以盛谷

●求 郡人所聚也 ⿰口困吐皃

●去〇

●地 遁迯也 腯肥丨 屯丨積 偱仙去也 遯退也隐也 沌渾丨不通之也 鈍不利頑也 伅亦倔不通之皃

●頗〇

●他 坉水不通不可別流又以艸裹土築城也 填以土築池曰丨

●曾 鐏鑽也

●入 潤澤丨滋丨 ⿰山閏地名 閏气盈朔虛積餘附月 媆弱也又好也少也 嫩仝上

●時 順不逆也和也從也

●英 運行也轉也動也用也移徙也 暈日月旁氣 緷深闊也 鄆地名又姓 韻和也音諧風度也 韵仝上

●門 問訊也以物遺人又声丨 們渾丨肥滿 聞聲響 悶煩也鬱也 紊亂也 汶水名玷辱

●語 ⿰言貫順也謔弄 ⿱招金人名

●出 捘劑也掐也

● 喜 混｜雜｜混｜濁 侊完也 分｜量名｜ 渾｜然無圭角也 溷亂也沌濁 慁憂也污辱

君下入聲 滑字韻

● 柳 律魁大皃 律呂｜｜法 ⿰扌聿捽也手持 ⿰扌聿去渣汁曰摧 嵂｜崒山高峻也 膟腸間脂 ⿰米率糲米 繂大绳以竹為之 訥言難也又遲鈍也

● 邊 勃卒也變色 侼強也狠也 浡興起 渤海別支也 孛慧星怪氣 郣郡名 鵓鳥名 艴怒色 ⿰風孛風驟 鋍炊釜溢也

馞馝｜香也 ⿰土孛塵也 挬拔也

● 求 滑亂也不澀也｜稽詼諧也 愲心亂 汩亂也沒也 崛｜起勃起 僪狂也 倔｜強梗戾 掘穿地 ⿰彳骨亂也狡也 磆｜石藥名 鶻鳥名

● 去 ⿸尸⿱出毛鳥短尾也 淈水盡也 榾斷木

● 地 突凡卒相見謂之｜又觸也欺也 揬搪｜ ⿰亻突不遜也 ⿰山窟山皃｜屼 朮蒼｜白朮 秫亦藥名 凸出高起也 祋兵器 嚉古同咄

咄｜咨嗟語又驚怪狀 湥水流也 ● 頗 ⿰米孛餑｜麩也 餑米｜ 荸薺母

● 他 ○ ● 曾 崒山危峻也 ⿱艹朮白术藥名 誶誚也告也 秫谷名 椊柱頭也又｜機以柄內孔也 ⿰扌切摩也

● 入 ○ ● 時 述修也纘也譔也著也又紀人事纂人之言也 術心｜外｜機｜道｜ ⿺辶沭作文述字

● 英 ○

● 門　勿禁止之辭　坳埋丨　岉崛丨高皃　扐打也　没故丨終丨　物庶丨事丨　蔢藥草　芴菲也　歿終也盡也死也

● 語　兀高又刖足　仡動舟也　伆傾丨不安　屼嵣丨禿山　扤動搖也　杌木無枝　卼急也

● 出　〇

● 喜　佛大也又西方聖人名也　⿰亻國俗作佛字　岪丨嶓山皃　核果中寔也又丨桃　紼絲丨又束　艴大船　咈丨哩　坲丨孛塵起

2 堅上平聲

堅字韻

● 柳　嗹歌曲

● 邊　便丨丨辯也　編次簡列也　鞭馬箠策又樸笞也　邊岸也陲也側也方也近也又姓　籩竹豆祭祀太廟之器　⿰亻⿱自㕣俗丨身不正也

● 求　堅固也勁也剛也　慳吝也　鞬弓衣　𩜁粥也　肩膊上又任　犍牛之健强者　豣三歲豕

● 去　愆過也罪也失也又差爽也　幵平也又姓　开俗幵字　僁遇也　搴拔取也　褰揭衣　騫馬腹熱也又虧少也　牽引也引而進也丨連也挽也

鏗金玉聲　倃過咎

● 地　顛頂也傾新也仆倒也又姓　傎丨倒　巔山頂　癲丨狂也　瘨仝上

● 頗　偏頗也側也旁也邪也鄙也不中也　扁小舟　篇簡也章也　艑船名　蹁丨躚旋行　翩疾飛又聯

●他天理也氣也兲仝上兂靝莄古俱字芺草名

●曾亶屯丨難行不進皃儃進也邅迍丨坎坷鸇鷲鳥氈撚毛席氊上下俱仝毡鱣大鱼饘厚粥飦仝上

栴丨檀香木旃旃曲柄也煎熬也箋表也牋仝上櫼香木名戔顯皃又淺小也羶羊臭也綫細縷也

●入〇

●時仙神丨又姓僊仝上又丨丨舞苮草名先前進也早也始也故也鮮新也色艷也善也鱻新魚生肉羴羊臭羶仝上

僊古仙字⿰金宿鐵丨

●英煙火鬱氣也烟仝上湮鬱也塞也沉也没也落也咽丨喉胭丨脂臙仝上燕國名漹水名嫣美皃

鄢邑名淵止水也渆仝上鳶丨鳴風生⿰虫焉蟲曲臭也焉語終詞又何也姻婣婚門

闉丨都城門甄丨別

●門〇

●語〇

●出千十百為千仟千人之長曰丨芊草盛皃阡田間道又路也壟也⿰木䙴插也躚蹁丨遷從也移也謫也櫏招丨木名

躚跰丨舞丨韆鞦丨繩索戲也燀火起迁散丨

●喜 軒 車箱也又|堂書| 掀 以手高舉 仚 輕舉 蓒 草名生于水中也

堅上上聲 蹇字韻

●柳 璉 瑚璉宗廟盛黍稷器 僆 |子雙生子也 摙 舷運 輦 人步挽車也又舷運 撚 蹂也又以指撚物也 輾 轉也 碾 所以礫物子也 蹨 蹂也

●邊 扁 門戶對署|也又器不員也 匾 不圓也又器之萡也曰| 褊 衣小也又|急 砭 以石針刺病也 蝙 |蝠 騙 躍上馬也今作詐|也 稨 籬上豆

藊 豆名 貶 謫也抑也減也損也

●求 蹇 拔也屯難也又姓 ⿰馬蹇 |驢 健 難也舉也 ⿰言蹇 難也口吃 謇 仝上又|謂直言 梘 通水木名 筧 竹通水也 罥 罟也 囝 閩人呼兒曰|

⿰亻蹇 偃也傲也 倦 仝上 褰 ⿰衤蹇 揭衣也

●去 犬 狗有懸蹄 畎 田中溝穴|為畝 甽 ⿰田巛 仝上 遣 縱也送也逐也發也 ⿱臤牛 牛很不從引也 繾 |綣

●地 展 轉也開也誠也 輾 轉之半者 典 主之經也 ●頗 惼 惼|性狹也

●他 倎 厚也 琠 玉名 腆 厚也至也 靦 面慚 ⿰酉見 仝上又面目也 殄 絕也盡也滅也 蚕 寒蟬 ⿱⿰衤聿虫 俗蟬字

●曾 翦 齊斷殺也 俴 淺也 僎 具也數也整也 棧 棚也又玗木為| 踐 踏也履也 餞 送行之飲 戩 福祥盡也 剪 仝上 揃 又仝上

⿰月壽 ⿰土区也 譾 淺也 蟫 書中白魚

● 入 燃酸小枣｜曰染也 蹨踏也

● 時 洗滌也濯也 㒄意急懼也 僤婉｜行動 箲帚｜ 筅仝上 跣徒足履也 尟少也 洒滌也 癬乾瘍 蘚苔｜

毨理也毛落 𤵸疥｜ 銑金之有光者也小鉴也 燹野火 尟少也 獮殺也秋獵曰｜ 鮮希少少也 毨更生仝上整理

● 英 偃｜息服也仆也卧也 堰壅水埭也 鰋魚名 鷃鳳之別名 衍水溢也豐也寬也多也茂盛也 演水長流皃又廣也今作搬｜字 兖州名

嗔大笑 琰璧上起美色也

● 門 免事不相及也罷也脫也釋也 丏避箭短墻又不見也 沔水名 俛以下同字 勉強也最也懋也勤也 娩產子 鮸魚名 冕冠有旒者

湎溺也沉也飲酒 緬遠也又思 愍忌｜

● 語 研布｜石也 齴露齒 詽爭訟也 揅摩也破也 研窮究也

● 出 淺水不深也 幝車敝 闡開也顯也大也 㨖牛緩曰｜ 籛 棧果子｜ 殫盡也

● 喜 顯明也著也 顕仝上 咺哀泣不止又宣著也 睍明見視之 蜆小蛤 俔諜也即今之細作也 峴山名 粯粉頭｜子 臇肥也又內急也

誢諍言

堅上去聲 見字韻

●柳圝圓也攟手丨轉也 ●邊偏丨周遍仝上窆下棺也變改也易也權也通丨災丨丨化

●求見視也建置也立也 ●去俔譬喻也俴丨俠牽挽舟丨索譴門也責也誚也怒也攑健行相反

●地欣闕義 ●頗片拆開木丨又丨郇騗誆也

●他瑱以玉繫手統而充耳 ●曾戰鬪也恐也濺水激沅也洊水仍至也

箭矢也荐再也艸也薦也顫頭不正也四支寒動薦藉也進也又無牲而祭曰丨載⿱艹錢草名 ●入〇

●時扇箑也又以竹編門曰丨吹揚煽使火熾也搧動也批也先當後而前騸割去勢也綫縷也線仝上傓熾威也以煽仝信不丨

●英燕喜也息也安也鳥名傿引為賈也嬿女稱嚥香也咽仝上宴合飲安也息也喜也讌合飲贗物相當也

●門〇 ●語⿰骨見骨又瘦也⿰骨兼骵俱仝上

●出倩人美字也又美笑皃又假借使人也又女婿也佳人形長也蒨草盛皃又仝茜茜染紅色之草也刋切也⿰糹羨偏緩也

●喜献俗字獻呈也進也賢也巘山峰甗無底甑楥履丨楦俗上楥字同絢文彩

憲法也讞議獄議所疑也

堅上入聲結字韻

● 柳 ○

● 邊 別分也辨也 鼈甲虫之名 鱉仝上 瞥 覽遇目漸見

● 求 結締也 潔清也淨也 偈用力又疾 揭高舉丨貼 羯羊粘犗也胡成為一 袺以衣貯物而执其衽 絜俗潔仝 鍥鉤也鏁也

挈同栔所以汲水也 桔 橘柑丨也

● 去 拮據口作狀丨手共之 丩丨屯動皃 詰問也責也又平丨旦一曰丨朝 刮剥面 契丨濶愁苦也踈向也 鴶鳥名 頡直項又倉丨古史官制字者

襭以衽貯物而汲之于帶間 纈擊也纨也 挈提丨 恝無憂愁 孑健也單也餘也 訐面斥人隱過攻發人陰私 朅武皃 擷捋取

● 地 哲明也智也 喆仝上 嚞仝上人名

● 頗 丿左捩也 撆小擊也略也引也 撇仝上 瞥過目也 蹩跛也 騗躍上馬

● 他 鐵黑金又姓 銕古文鐵字 僣丨俛狡猾 撤抽撥也除去也 徹通也達也均也明也除去也 澈水澄清也 餮貪也丨食 鉄仝鐵字 驖馬黑色

● 曾 折斷之也又拗丨屈曲 㣟刻也 晢星光 蜇螫也 逝旋倒也 櫛梳篦總名又梳髮也 晣明也 浙江右 淛仝上 卩瑞信

巳仝上 節竹丨符丨又操制也撿也

● 入 ○

● 時 伳移也 偰亦契姓作 僁細聲 㑡仝上 契堯之司徒 卨姓也 泄丨瀉 絏仝上縲丨 洩漏丨 燮和也 爕俗上

嘍懷也 紲擊也又馬韁也又長繩也 屧履中薦也 爇燒也 焫仝上 薛莎也又姓 設置也張施陳也合也 媟嬻也狎也慢也污也 褻私服也狎也裡衣也

瘨 㾐痢疾之病 蔎香草名

●英 咽嗚｜悲也塞｜也 噎食窒氣不通也 謁白也訪也請見告也 蠍螫人毒虫也 蠮｜螉蜂也

●門 ○

●語 齧噬也

●出 切割也刻也近也迫也急也苟且曰｜切

●喜 血氣｜ 乱｜毒國名 猲短喙犬 ⿱絕力拽也 歇氣泄也休息也清散也 ⿱絕力拽也

堅下平聲 ○ 字韻

●柳 年春夏秋冬以成｜歲稔也進也 秊古字 蓮芙渠寔 鰱魚名 連接也合也續也及也牽也又姓 漣風動水成文又泣下之皃 嗹｜嘍言語頗絮

●邊 胼｜胝皮厚 駢聯也 緶縫衣 平｜｜辯治 骿肋骨連合為｜

●求 ○

●去 乾君也堅也動也建也又卦名 乹俗上 虔恭也固也殺也截也

●地 田土已耕田｜又獵又姓 佃治田也 鈿金華飾 畋獵也 廛市物邸舍 壥仝上 躔踐也歷也又星之｜次也 纏繞也約也束也繳也

庙平也 纒俗纏字

●頗○

●他 填塞也滿也加也 嗔盛氣也 闐盛也滿也 謄移書傳鈔 瘨病|

●曾 前後之對也先也進也 歬仝上 葥俗前字 錢財也又姓 媊女人壽曰|祝

●入 然燒也又語詞又如也是也 燃俗然也 肰犬肉也俗作然字非 蹨蹂踏也

●時 禪靜也浮图家有|说 單|于匈奴號也 嬋|娟美態 蟬虫名 儃態也又|耷不進兒

●英 延長也陳也引也遠也進也旋及也又遷|也 筵竹席也又酒|請客 涎口中液也 沿从流而下也又循也 梃碓机 鉛青金錫類 緣因也純也

櫞屋| 膶沈肉於湯中也 唌嘆也

●門 棉木棉樹名有花如綿作布 綿|絮又柔弱也|力薄才又不絕兒又審也續也 緜古綿字 眠翕目 聯|對又相繼不絕也 宀交覆深屋

櫋屋傍條又簷也 緡絲緒也|蠻鳥聲也

●語 妍慧也安也美也好也 岍山名 汧水名 研礲也窮也究也

●出 讓以禮相處下也 諓緣|

●喜 伭很也 玄黑赤色又幽遠 泫水名 炫耀火又光明也 弦引| 蚿虫名 舷船邊 眩目無常主 絃入音之絲

鉉鼎耳 衒自矜賣也 懸掛也 縣懸又繫也 賢有德者又善也勝也 贒古字 賢難也

堅下上聲 蹇字韻全韻與上上同

堅下去聲 健字韻

●柳 練煑漚熟絲也又煆煉與｜同 僆雞小者名 揀木名 鍊冶金 煉爍冶金也

●邊 便宜也順也安也利也即也凡｜殿｜官｜坐皆非正大處又糞｜ 㛹便本字 卞地名又手溥又姓也 汴水名 汳仝上 采別也 辧具也別也

辨致力 辯仝辨 辧股閒 辮交也膠也 瓣爪中瓠隣又片也 忭喜樂皃 辦仝上狀幹 緶溺也

●求 健強也亢也有力也不倦也 件物件條｜ 鍵關鍵戶鑰 掔抗拒者 揵門限也 腱大筋也

●去 〇

●地 殿堂高大也曰宮｜ 佃獵也治田 田耕治之也 鈿螺｜ 甸千里之內曰｜服又徒治田之众也 電以雷仝氣發而為光 靛以藍染也

奠定也薦也致祭

●頗 〇 ●他 〇

●曾 賤以貴反 鏇轉軸 ●入 〇

●時善良大也佳也言也僐次態也墡白土膳具食也繕補也緝也墠壇畔低處平土也單单父縣名鱓魚名

鱔仝上禪築土曰封除土曰｜又代也傳與也嬗擅自專熯乾也竭也䃸白土燀炎熱

●英衍溢也推也豐也寬也延也多也掾官屬緣衣｜羨延也餘也院堅也凡庭館有垣墻曰｜

●門面颜面又向前也囬古字偭鄉也背也靣俗字麵麪麥麳湎飲酒失度䤄醉也

●語○ ●出○

●喜現顯也露也莧菜名見又見硯墨池研仝上縣郡县晛日明

堅下入聲傑字韻

●柳列剖也分解也行次也位序也布也冽寒氣極埓曰｜洌水清潔也烈火猛也光盛也又真｜之字裂壁破捩折也違也

●邊別異也离也解也訣也𠑹｜偂衣服婆兒

●求傑人過萬人也英｜特立也杰仝上更敏英｜遇甚又名桀仝傑字又磔也又捿雞棧碣近海山居傑裂也張也又開也剔也揭舉而堅之也｜竿為旂竭負也舉也涸也盡也

●去硈堅也又硊｜路不平之也

●地佚｜｜腸也緩也秩積也次也職也跌踢也差也蹶也足也失蹄也迭更也近也代也鉄以鍼｜衣也紩縫也軼侵也突也瓞小瓜之名也

袠祛也又十年為一丨 垤蟻塚也又坳丨 耊八十曰丨 耋仝上 徹除去也又均也 經車輪所輾轉之跡也 胅骨差也 轍車之跡也

趃夫走也 蛈虫名 峌山高貌 袟 祑祭名次序

●頗 獙飛也

●他 ○

●曾 捷勝也獲也敏也疾也成也又報勝曰丨 倢丨仔婦官名也 婕丨好婦官 睫目旁毛也揷接也 寁速也 箑扇也 截斷也止也

蠘蠏名 巀山高 謯多言 捷丨聯

●入 熱炎氣 热俗上同

●時 舌口中一也在口所以言也別味者也 磔 剔治皮也

●英 揙揙丨

●門 篾折竹篘也 蔑無也微也削也輕易也 蠛污血 滅火熄也盡也絕也沒也

滅丨亡 [illegible]仝上 韈 襪 袜俱足衣也

●語 孼庶子曰丨铊樹之有丨主也又盛飾皃 臬射的法也 闑門中橛也 糱牙米而又麴丨 蠥妖丨 櫱斫過樹根復生嫩條曰丨 䡾丨硊不安

鶂水鳥又鵝鴨声 鶃仝上

●出 跕行曳履也

●喜 穴土室也窟也壙也 泬水從穴出義邪僻也 絜度也約束而知大小

3 金上平聲 金字韻

•柳○ •邊○

•求金五行之一位於西方又羅曰｜又姓今對古之稱乃是時也禁力所勝也又當惍利也

•去欽恭也衾大被衿衣領紟单被也又｜帶又結也襟衣之交衽處又同文曰｜兄弟

•地鬽精怪之屬 •頗○

•他琛寶也 •曾斟勺也益也｜酌椹木跌碪擣絵石砧仝上瑊石次玉鍼引線以縫針俗鍼字唚｜嘴

•入○ •時心火藏身之主也神明之舍也芯草名

•英陰陽之對也又默也｜影也侌氣之重濁屬地者也音声成文也愔安和喑兒泣不止曰｜瘖｜瘂

•門○ •語○

•出深淺之對也邃也遠也祲陰陽氣相浸漸以盛災祥僭乱也侵漸進也侵漸進也削也

•喜欣喜也俽喜也州名忻仝上昕旦明日將出之時歆神享氣又欲也美也訢仝欣音銀

金上上聲 錦字韻

●柳 凜寒也 懍危懼也 廩倉有屋者 稟食丨 㐭仝上 澟困極 檁屋上横木 ●邊 ○

●求 錦文丨蜀丨 ●去 玪坎也阮也 𦣞皮厚也 昑明也 澿寒也 噤丨口丨也

●地 戡研也 井投石井中 ●他 𢻹深擊也

●曾 枕卧薦首也 煩項丨頭役骨也 顲低頭 嬸呼叔母也

●入 忍安于不仁也又丨耐 恁如此 稔穀熟也故一年為丨 飪熟食 衽衣襟 袵仝上 荏柔弱也又丨菽丨苒猶侵尋也 荵丨冬花名

●時 沈姓也 伈恐懼 嬸呼叔母也 審悉也熟究也詳也 哂微笑 諗謀告也思念也

●英 飲歠也 㱃仝上 ●門 ○

●語 趛低頭疾行 ●出 寢堂室也卧也息也 侵貌不揚也 鋟刻板 眕睹也 梫桂也 啿足丨行

●喜 ○

金上去聲 禁字韻

●柳 𥄉眩也 𩑶伏首卧引 ●邊 ○

●求 禁制也戒也謹也止也又天子所居曰丨地 僸北夷樂名又仰也 噤閉塞口也 勘用力 ●去 搇按也

●地 扰深擊也 鈂掘也垛也 [illegible]瓜青皮色　●頗〇

●他 鴆毒鳥以其尾瀝酒飲人則殺人 疢善嗜為病 侺頭向前也　●曾 浸漬也漸也沉也進也 寖漸也

●入〇　●時 趻尻吞|

●英 廕庇也 蔭庇也又陰景曰|　●門〇

●語〇　●出 沁水名又比人以物探水中為| [illegible]廕|大屋

●喜 焮炙也吹氣 廞猛意謂物新美者意向之也 歆人名

金上入聲 急字韻

●柳〇　●邊〇

●求 急疾也緊也窘也迫也 伋仝上人名 給贍也俱|口捷也 級次第階|首|

●去 吸入氣也又引也飲也呼| 汲引水於井也又||不休息也 芨白|藥名 笈書箱 泣哭也細也

●地 囚動也 鈫銛也　●頗〇

●他〇　●曾 執持也守也捕也囚也拘也又父之友曰| [illegible]事|者 縶絆馬足也 [illegible]鳴也 蓻茅芽艸木不生

•入 ⿺走立 隨后走|

•時 ⿰亻㬎 不及也 濕 音沓水名今作干|字 隰 原|上平曰原下平曰| 溼 陂下者曰| 霫 雨也

•英 邑 都邑郡| 俋 勇壯 唈 嗚|氣短 悒 不安 ⿱竹邑 捕色竹器 裛 書囊又纏也又香襲衣也 浥 清也 挹 酌也杼也又仝揖

揖 拱| 熠 盛也光也 •門〇

•語〇 •出 偮 人眾 ⿰亻集 人眾 咠 口舌声 㗊 古咠字 湒 雨| 葺 條補褁盖 楫 短櫂亦橈 緝 續繼續也

輯 斂也和也 戢 藏也止也 桼 木有液粘黑可飾器物也 漆 水名今作膠|桼之锝 膝 脛骨節也 濈 和也 ⿰虫咠 海虫附蚌壳上 諿 續也

⿱艹揖 草名 ⿱艹膝 藥名牛膝

•喜 ⿰亻翕 歙也 翕 合也順也動也 噏 仝吸 潝 水流疾声 ⿰言翕 疾言 歙 縮鼻也歙氣也合也

金下平聲〇字韻

•柳 琳 美玉 淋 渥也|漓 林 平土有叢樹木又姓 霖 及時雨曰甘|又淫雨也 臨 監也自上|下也 痳 小便難也 •邊〇

•求〇 •去 琴 樂器 芩 黃芩藥名 檎 林|果名 擒 捉也急持 禽 二足二羽曰|

•地 沉 沒也溺也 沈 仝上 ⿸疒冘 腹內固疾 •頗〇

●他瘎復病也疣仝上 ●曾罈姓也鱘水族名

●入壬十干名又大也任以壬同佞也保也堪也當以負也擔也又姓也妊義同上

●時尋繹理也搜求也繼也俄也又一常也庸常尋仝上潯水涯燖火熟物也忱信也誠也情也葚桑寔煁無釜灶諶誠也信也又姓

鬵甑也鬵仝上罈姓也鱘水族名

●英婬奸|私逸淫過也亂也奸也溢也霪久雨蟫書中白魚

●門〇 ●語吟咏也嘆也岑小山而高涔漬也唫仝上汖眾立巛仝上硷礮花崁石砛堦也

●出〇 ●喜熊獸名美在掌又姓也

金下上聲　錦字韻　全韻與上上同

金下去聲　妗字韻

●柳畬火起 ●邊〇

●求㦗懃也心堅固也又心㦗貌妗舅妻曰| ●去〇

●地朕天子自稱曰|又縫線處𤏳燖煑水|物 ●頗〇

●他〇　●曾〇

●入 仭八尺曰刄 任克用也又所負也 妊孕子 刄鋒| 牣通韌 賃借也僦也 軔碍車輪木也去|輪動而車行 紉彈绳也以線貫針也 訒言不易發

姙亦孕子 眒視|

●時 侺觸頭向前|也 甚尤也深也　●英 許怒言

●門〇　●語 ⿰口頁首動皃 扲把也

●出〇　●喜 噤口不開也

金下入聲 及字韻

●柳 立豎也成也建也置也 ⿱大一立本字 苙闌也 笠倉雨|也 粒米粿　●邊〇

●求 及至也連累也又兼與之詞 ⿺辶聿古文及字 茇藥名白|　●去 掐瓜刺也

●地〇　●頗〇

●他〇　●曾 集安也聚也雜也會也同也會就也 亼與今同 雧仝集 潗泉出微通

●入 入出之对也進也約也 亼納也　●時 什十人為||物|具 十數也終也 拾掇也收也又作十字 習習也狎也又串|慣 ⿰口習忍氣

•英○　•門○

•語偎||人衆㟴高又危也又不安也　•出○

•喜○

4規上平聲 規字韻

•柳腄瘢胝也　•邊悲慈|

•求規|炬箴|佹幾欲傀偉也窺小視闚傾頭門外邪視也閨宮中|門如圭圭壬也上圓下方珪仝上奎星名雉子|鳥名

瑰玫|珠類皈|依僧家之語龜甲虫之長溈水名歸琭也逯仝上邽縣名巂鳥名

•去虧缺也少也虧仝上暌日入違也開推一又不合也

•地追逐也𠂤聚土隹鳥短尾之總名鵻仝上騅馬色堆聚土為||金磓聚名也䯉骨起也

•頗○　•他推進也排也又|收也塠燖毛也梯高升之具

•曾錐銳也又器如鑽椎鐵錐又擣𡙡大也臎鳥屋上肉榛似票而小鵻鳥名|交　•入○

•時雖設兩之詞倠偏也荽胡|菜名綏安也退也𦈢瓶|浽一溦細雨蓑蔽雨之衣

●英 威 尊嚴也又|秘 葳 甤草名盛也 逶 |迤委行 ●門 溦 小雨 昧 昏也目輕視也

●語 ○

●出 崔 姓也 催 促也迫也 推 蓷也移也而又窮也迫也詰也 炊 爨也 蓷 益母草 吹 |歔 歔 仝上

●喜 飛 翔| 扉 戶扉 霏 雨雪 倠 仳|魄 菲 芳|茂也 緋 絳色 騑 馬行不止 非 責也訾也不足 翬 大飛也大雉名

輝 光| 暉 日光 煇 火光 徽 美也琴也 撝 手裂也指|也 麾 旌旗之屬又指| 黴 魚名 蜚 古飛 妃 嬪御次於后者又太子嫡室

揮 奮也動也散也又指|宮名 犻 獸似牛曰首|目也

規上上聲 鬼字韻

●柳 壘 軍營 傫 亞也 儽 即傫字 藟 葛類 儡 傀| 礧 磈|石貌 誄 |文 累 增也|畾 瀥 |澀 蕾 蓓|始華

蘂 花心鬚也 蕊 仝上 讄 累其功德為文以哀之也 蘲 仝蕊 磊 眾石也 儡 仝儡 篹 竹器 儽 懶惰也又病也 絫 十黍為|十|為銖

●邊 ⿰忄石 |恃 ●求 鬼 |者歸也又宿名也 宄 姦也外為盜內為| 佹 重累又戾也

●去 軌 車轍法也 匭 匣也 垝 毀垣 詭 異也詐也 磈 |礧石也 跬 俗趌 ⿰目更 弁見 晷 日影 簋 盛粮器 趌 一舉足曰|| 傀 |儡

●地 ⿰白力 著力牽也 ●頗 ○

● 他 腿 股也 倭 弱也 踉 仝上

● 曾 鷩 鳥喙也識也臧也

● 入 〇

● 時 水 五行之一位居北方又姓 鬐 鬐丨 美 有研色也曰丨

● 英 偉 奇也大也 韋 柔皮 瑋 美玉 煒 盛赤也光明也 葦 芦之長成 韙 是也又美之意 韡 州盛貌 洧 水名 鮪 魚名 唯 諾也

舁 呼鴨声 蔿 艸也又姓 翗 仝上 諉 託也委也 委 曲丨又頓也任也随丨也又致也安也 虺 蛇名人名 禕 美也

● 門 〇

● 語 頠 閉習容止 隗 隗丨高也 姽 好也

● 出 惴 憂慎也 漼 水深 髓 骨中之脂 璀 玉光丨璨 揣 度也拭也丨摩也 遄 往来

● 喜 匪 非也 俷 敗也背也 佁 仳丨醜皃 篚 員箱 誹 丨謗 菲 丨薄 斐 文皃 悱 口欲言未能之皃 棐 輔也果也 翡 丨翠鳥名

蜚 蝗也獸名 蜰 蛀丨即今臭虫 虺 蛇名 虫 虫虺字又鱗介總名 毀 坏也破也破也訾也 燬 火焚壞也 烜 舉火也又取火于日也 喟 嘆息也 諻 謗也

規上去聲 季字韻

● 柳 〇

● 邊 沸 丨滾 疿 熱生丨也又曰小瘡

● 求 季 稚也少也末也 悸 心動 筀 竹名 桂 花名 癸 干名屬水 肖 物不賤也 貴 尊也位高也物不賤也

● 去 愧 慙也 媿 仝上 季 四季 氣 丨力出丨 悸 心動也 痵 病恐也

●地 對答也對也配也聯也常也 對古字 碓春具 ●頗 屁氣不賤也

●他〇 ●曾 醉為酒酣飲曰｜

●入〇 ●時 睡坐床 粹純也不雜 睟清和潤貌 戍守边遏也 帥主也統也 祟神禍 邃深遠

誶誚也告也又垢也又多言也 淬潤水

●英 尉候也又宮名又門神戶｜ 蔚茂也又文深密 慰安之以愜其倩也 畏怯也驚也恳也敬也 懟仝慰 ●門〇

●語〇 ●出 翠｜鳥毛深青又｜粲鮮明 倅副也 啐咄｜呼也 焠刀劍燒而內水中堅之也 碎瑣｜破｜ 脆小耎物也輕也 毳䏲毛褥細

口｜嘴 崒危峻 脺顏澤潤色

●喜 費耗也散財用也又姓 狒獸名 芾木盛 廢弛也不舉 諱隱也避也忌也 翽鳳飛 像與瑑仝

規上入聲全韻俱闕

規下平聲 葵字韻

●柳 雷陰陽萡震之声｜同 癗疿一皮外小起 擂研物 櫑木名 椽木寔 縲索也 纍擊也 虆盛上籠 罍酒器

●邊 肥多肉油也

● 求葵菜名揆度也騤馬行威儀逵大逵迫也馗仝上頄面顾夔人名 ● 去〇

● 地搥擊也腄耳仔腄 ● 頹〇

● 他槌击也掷也今作槌棒鎚锻也今作铁鎚夵不尖錘秤錘瘇疾也 ● 曾剩割也断也屡肉雜也進也

● 入倭蕫| ● 時誰孰也何也乑草木花葉倕垂也俓仝上箠杖也陲邊遠鍾秤鍾

隨從也退也脽尻也髖也垂目上縋下也彊也真果真瓍琛瓍棰刑具

● 英帷幔也惟谋也思也又语词唯專詞語詞維謀略絡也系也潍水名禕幃香囊單帳闈宮中相通小門圍守也環繞

違逆也背也去也遺失也亡也餘也為造作也桅船桅 ● 門〇

● 語隗高也嵬崔嵬石戴土山巍高大之貌危高也险也殆也不安也疾剧也

● 出〇 ● 喜肥瘦也反之腓足肚倚也淝水名磁瓦器

規下上聲　鬼字韻　全韻與上上同

規下去聲　櫃字韻

● 柳淚目液唳鶴鳴泪目|攂|鼓彙茂也類善也等也肖似也又種|酹以酒沃地又餟祭壘極困也銇鑽也

累 望也事相緣坐也玷也 礧 轉石自高而下 •邊 吠 犬| ⿰虫貴 石|虫

•求 簣 土籠 蕢 草器 ⿰亻癸 左右兩視 遺 餽也贈也 餽 仝上 饋 餉也又進食于尊也 匱 匣也乏也 櫃 櫝也 跪 拜也 籄 土籠

•去 〇 •地 隊 群也 墜 隕也 隧 仝上道也 縋 以繩听懸 憝 怨也恶也 懟 怨也 駾 突也

•頽 〇 •他 倕 |重也 膇 病|久也

•曾 萃 聚也 悴 憂也 瘁 焦一又病也勞也 崒 聚集也又山危峻也 顇 顦|鎏也又鄭也 蕞 |燽|也 誰 是|

•入 〇 •時 遂 成也因也達也進也志也成事也稱也 繸 佩玉之组 璲 瑞玉 隧 墓道 燧 火盡也又取火之木 檖 木秀 ⿸疒遂 瘋病 穗 禾穎

瑞 以玉為信 穟 禾成秀 ⿰忄遂 深思

•英 位 正也列也 胃 穀府 渭 水名 謂 與之言也 蝟 獸類偏身有刺 為 所以也緣也助也 磑 磨也 壝 土坪 諉 纍也 鄬 地名

•門 〇 •語 偽 非真也詐也詭也 魏 象一教今之書也又姓也 ⿱魏香 河|藥名

•出 〇

•喜 惠 恩也賜也順也慈也 僡 仝上 橞 木名 蟪 |蛄 彗 妖星 蕙 蘭花又香草也 慧 性通解也妍也了也 篲 竹掃帚 嘒 明又小声 吠 犬|

卉 草木總名 喙 息也又鳥|又诫名 緯 縱曰經橫曰| 芔 卉本字 恚 怨恨 譓 辨察多謀

規下入聲 全韻俱闕

5 嘉上平聲 嘉字韻

●柳○

●邊 跁 |飯

●求 嘉 美也褒也又陰陽際會也 佳 美也好也 家 居| 假 美也 葭 芦也 珈 婦人笄飾 笳 胡人胡|捲蘆葉為之 跏 |跌屈起坐也 茄 芙蓉莖

迦 不得進也 加 增也陵也施也著也 ●去 呿 張口 佉 神名 恪 恐懼也

●地○ ●頗○

●他 ⿱宀余 ⿱宀亞|嬌兒 ●曾 查 木閑藥滓 偺 張也 楂 水中浮木 渣 水名 咱 我也 樝 果名 槎 邪研木浮 齋 |識|戒 滓 物|

●入○ ●時 沙 細散石也沫也 砂 仝上 裟 袈| 鯊 魚名 鈔 |羅銅器

●英 ⿱宀亞 |騑嬌態 涇 深| ●門○

●語○ ●出 差 舛也錯也使也不相值也 叉 兩手相錯又取也 侘 |拏未定 杈 岐枝木也 偨 |池茈虎 扠 挾取

●喜 颬 開口吐氣 痄 |瘷 咳 嗽声

嘉上上聲 賈字韻

· 柳〇
· 邊把守丨采名

· 求賈姓也 椵木名 檟山楸也 斝爵也 斚仝上 假不真也大也借也 嘏福也大也遠也

· 去咯一恈多狀許也
· 地奓臭也 鮓魚丨

· 頗〇
· 他〇

· 曾偖瑳丨行皃 鮺以鹽米釀魚為葅熟而食之 鮓仝上

· 入〇
· 時傻丨偢不仁又輕慧

· 英瘂丨口不能言也 啞上仝
· 門馬六畜 碼鎮水石 瑪瑪珯石器

· 語〇
· 出侘少也嬌也逸也

· 喜〇

嘉上去聲 嫁字韻

· 柳〇
· 邊〇

· 求嫁送女歸夫曰丨又推惡于人曰丨禍 稼種穀 假丨告休沐 價丨數物所值也 賈仝上 架起屋棚也以丨丨物 駕車乘馭也

●去 悋丨伢多狀許也 ●地 笮丨酒

●頗 帕首丨花丨 ●他○

●曾 詐偽也詭譎 笮丨酒具也 醡壓酒具也 榨仝上 債負財也 炸玻也

●入○ ●時 漰丨掃 灑沉水 洒仝上 刈刺也

●英○ ●門○

●語○ ●出 吒怒也噴也 咤仝上 詫誇也誑也 厠圊也閒也雜也 瘥病瘳 嗄声破丨 廁同廁

●喜○

嘉上入聲 骼字韻

●柳 霹疾雷 喑小兒極啼声丨 ●邊 伯丨叔 叭丨開口也 柏松丨 擘丨物 百積十至十為一丨

●求 骼骨丨 垎土丨 搹丨開 格字丨 膈胃丨 隔丨斷 䈆竹丨

●去 挌手把著 客人丨丨鳥 鵲丨鳥

●地 壓從上丨下 簀床丨 ●頗○

●他 禓剝丨光身 貼沙丨魚名	●曾 仄平丨 雀鳥名 績紡丨
●入 〇	●時 霎丨小雨也 涑亦小雨声
●英 阨災丨 軛用以駕牛 厄苦丨	●門 〇
●語 〇	●出 册書丨
●喜 哧賭其作事	

嘉下平聲 枷字韻

●柳 謏譇丨言不可解也 嗹哩哩丨丨語類煩絮	●邊 琶琵丨 爬丨癢 筢竹丨 鈀丨頭 杷丨扒穀具枇丨果名
●求 枷項械 抲取丨	●去 扨抗也
●地 茶茗也 复麥丨煠	●頗 〇
●他 〇	●曾 〇
●入 〇	●時 儕等也輩也類也
●英 〇	●門 〇

●語牙大齒也又將軍之旂曰｜又買賣之人有作｜人芽萌｜衙官府所居｜門行｜疨牙作病也●出查｜考

●喜瑕玉小赤五玷又過也蝦｜蟆今借為魚｜字假與下仝遐登也遠也猳牡豕鰕多須虫霞日旁赤氣蕸芙渠葉葭仝上

嘉下上聲賈字韻全韻與上上同

嘉下去聲下字韻

●柳〇●邊爸痕｜耙平虫器具父生我者｜

●求下高也下也低｜銀｜金●去〇

●地〇●頗〇

●他蚱俗作蛇字蛇水母鮓蛇傍蟹作目

●曾乍忽也甫然⿺乚厶即非字砦木柵壘也寨仝上䄍年終祭名蛇以蝦為目渣水名

●入〇●時瘄病名

●英下上下也●門〇

●語訝嗟｜疑怪人迎也迓迎也御仝上●出嚌眾聲也

●喜下對上之稱又降也自上而下也二古下字夏四季之次廈大屋暇閒|

嘉下入聲逆字韻

●柳鱺魚名劀劀開也柯擊也闒門開也　●邊白素|帛脚|箔土|

●求逆不順也　●去〇

●地汐汅具水|也舴舠小船|船　●頗〇

●他宅家|　●曾泒不甚乾也淁|水䭞飯|水也

●入〇　●時〇

●英啞聲也　●門麥五谷

●語訝嘲笑|也　●出〇

●喜〇

卷一终

彙集雅俗通十五音

卷二字母

干公乖經觀

6 干上平聲 干字韻

●柳 研 足底生｜ ●邊 班 列也次也別也又姓也 斑 雜也 編 ｜爛色不純也 頒 布也賜也 便 ｜宜

●求 干 求也犯也｜若｜也 乾 燥也 竿 竹挺 玕 琅｜玉名 奸 犯淫｜目 杆 欄｜旂｜ 間 閒 中間 硏 石｜ 肝 木藏魂魄

蔄 花名 艱 ｜難 姦 邪婬私詐 ●去 刋 削也刻也除也 看 視也 牽 ｜挽

●地 丹 赤色｜散 單 单 孤也菭也 簞 盛飯器 癉 火熮｜ 襌 衣無裏 殫 鄲 邯｜地名

●頗 扳 援也引也挽也推也 𠬜 古字 攀 自下援上 ●他 嘽 盛名 灘 水名 攤 開也撥也 蟶 水族蟲名

●曾 繒 ｜索 罾 魚｜ 曾 姓｜ ●入 〇

●時 山 高大有名曰｜又姓 珊 瑚零散也｜又｜ 姍 好也 跚 蹣｜跛行 刪 除也定也 衫 小襦 潸 流淚 芟 刈也除也 邖 地名

●英 安 徐也靜也止也平也妥也何也 鞍 馬｜ 侒 宴也 鴳 ｜鶉鳥名 ●門 〇

●語 〇 ●出 孱 懦弱也不肖也 潺 水僈流聲 飡 香食 餐 熟食

●喜 頇 顢｜大面皃

干上上聲 干字韻

● 柳 懶懈怠 嬾仝上 赧面慚而赤 戁恭也悚懼 咱自家也

● 邊 版戶籍判也木片也 板仝上又反側不正也 昄｜章大明 舨船｜大船 ⿸疒反心惡吐疾

● 求 柬分別選之也仝簡也 簡要也畧也選也漫也牒也 襉裙襵 稈禾莖 趕追也 繭蠶｜

● 去 侃剛直也又和樂 侃 偘俱仝上 衎信也和樂 肯許可也 ● 地 刪割也

● 頗 眅目多白也又膜深睛謂之｜睛 闆從門中看

● 他 亶信也大也 坦平也寬也 担拂也 疸黃｜病 緂帛青黃色 毯毛｜ ⿺走炎｜早

● 曾 琖小杯 盞仝上 喒我也 儹聚也 趲逼也走也

● 入 ○ ● 時 産｜業生｜ 丳炙肉器 傘雨｜ 鏟平木之器 散疏而不聚也 瘦不肥也

● 英 徐也靜也止也平也妥也何也 鞍馬｜ 侒宴也 鵪｜鶉鳥名 ● 門 晚｜瞖目視 挽牽｜ 折｜花

● 語 俺我也 眼目也 研｜石 ● 出 㬥｜濕｜濕 筅小帚｜掃

● 喜 僩威嚴 瞯視也 覵仝上 罕免網少也 悍｜勇急也性強很也 鼾睡臥息也 暵曝也 厂石岩

干上去聲 瀾字韻

●柳○　●邊○

●求澗山夾水也　倝日始出光｜也　幹能事也強也草木莖也　榦楨築墻版　諫直言悟人又規諷也　閒隙也厠也隔也訾也又病瘳也又反｜也　⿰虫間水族

●去看視也　看俗看　●地旦早也明也　⿸广旦小舍　僤篤也

●頫盼顧也視也又眸子黑白分明也　襻鈕｜　盻此字音係今作盻字非也　●他歎太息｜氣　嘆仝上　炭燒木未煤為酞　⿺走炭相｜

●曾贊參也商也佐也頌也　賛俗上　瓚宗廟祼器　讚稱美　纘継也　酇地名　●入○

●時散分離布也　㪚襍肉　霰雪粒　疝陰雨心病　汕舒散　訕謗也　線縷也

●英按抑也撫也考也止也　案几屬　晏燕居晚也　鴳鳥名　唵梵語咒言

●門○　●語○

●出燦明也　粲飯美米也明也　璨玉光璀｜　綻衣縫解也　●喜⿰亻莫姓也　漢天河　暵旱也燥也

干上入聲　葛字韻

●柳漯水名　●邊仈姓也　八數也　捌破声又分也借為八

●求葛草名又姓　割断也剝也截也害也　結縛屬　墼出｜　●去戛長矛也擊也俗｜又｜水　戞俗上　⿰吉刂剝面　渴口乾　尅｜特

• 地妲一己紂王妃也噠西夷国名 • 頗沿波相激聲轟車破聲

• 他撻打也韃仝上幸小羊羍仝上闥禁門又宮中小門也汏簡逝也又過也怛警也悲慘獺獸名食魚躂足趺僆逃也叛也

塞丨孔穴也踼以足蹴物 • 曾節竹丨準丨

• 入〇 • 時殺誅也戮也杀仝上煞仝上又降也收丨鎩長矛撒丨潑薩菩丨

• 英乙玄鳥又丨丨難出遏絕也止也按仝上揠拔也頞鼻梁北山曲又坱丨無限際 • 門識相丨

• 語〇 • 出察監也審也考也剎旛柱佛塔[illegible]木名詧仝上擦摩也漆丨器

• 喜曷何也喝訶也褐毛布也鶡鳥名舝車軸頭鐵轄提丨瞎目盲豁疏通釋也[illegible]內突出也傄儳丨健兒又无憚也黠狡丨

干下平聲〇字韻

• 柳闌門一又遮也晚也褪也餉也希也蘭香草也攔遮丨瀾波也斕斒丨色不純也難难也尠少也零剩丨碎丨鱗魚丨欄牛圈丨杆

• 邊瓶酒丨花丨鉼仝上 • 求〇

• 去〇 • 地陳姓也

• 頗〇 • 他檀木名香名又姓壇祭丨坛仝上彈射也糾也刻也又鼓瓜曰丨

• 曾 殘餘也賊也凋傷也零落也害也 貸害物貪物也 前｜後 • 入 ○

• 時 ○ • 英 掠｜腫 閒｜暇也

• 門 曼長路遠也 墁墻壁之飾 漫水廣大 饅｜頭 鰻魚名 蠻｜夷 閩福建曰｜

• 語 顔容｜又姓 顔俗上 言｜語又喧 • 出 蠶吐絲虫 田種谷曰｜

• 喜 閒暇也安也習也空隙也 嫺靜也習也 鷴白｜鳥名 閑防也闌也 寒暑之對也 韓井垣又姓

干下上聲 柬字韻 全韻與上上同

干下去聲 ○字韻

• 柳 爛燦｜光明又熟也 瀾｜漫淋漓 難患也阨也蹇也校也憂憚也 孱男子陽物 • 邊 扮打｜粧｜ 辦｜事買｜ 瓣相｜ 槾夾｜

• 求 ○ • 去 ○

• 地 憚畏憚难也 侹大也 但徒也驟也又語詞 彈激骙 袒偏脫衣也 靛以藍染之又青｜ 蛋卵也 段体｜片｜ 禫仝祖 誕放也辭也忘也信也育也

• 頗 ○ • 他 ○

• 曾 助幫也 棧｜房 • 入 ○

●時〇 ●英限戶一又度齊阻也⿸广艮門閾閬仝上⿵門限門｜

●門萬十千曰｜又姓万數也曼未也且也蔓瓜｜｜延幔帷也嫚侮易也媟污也縵無文也又琴絃僈舒遲也謾且也

慢惰也易之也忽也不敬也漫水浸蠚敗物又污也命仝慢字蠆毒也

●語彥美士偐偽物諺俗語犴獄也厈山高也鴈鳥名雁仝上岸崖也獄也唁锴失國也贗偽物

●出〇

●喜旱元陽不雨汗人液旰日晚捍衛也仠仝上扞仝上閈里門坦也銲臂甲釬仝上骭脛膏⿰面干面黑氣

瀚北海也翰鳥羽也衛也又書詞也｜林院捍｜睡汧｜水迟流翰俗字

干下入聲〇字韻

●柳辣味甚辛也⿰車辛仝上剌僻也戾也揦撥｜手坡鯻魚名捺手按⿰言剌謗｜語聲力氣力栗｜子癧累｜⿰魚歷｜魚

●邊別｜人 ●求〇

●去〇 ●地達通也決也薘草名菜名值便宜也⿰魚壽｜仔鮭

●頗〇 ●他浡水出也

● 曾 踋急迫也晶宜寋也 鰂鰞｜魚名即目｜ 鱡目｜也 ● 入 〇

● 時 〇 ● 英 〇

● 門 㣙｜偺健皃 䀣怒視也之皃 密不疏

● 語 屵山高狀又崖高也 歹残骨 ● 出 賊強盗

● 喜 觳｜悚恐懼

7 公上平聲 公字韻

● 柳 鼕鼓之音小鼓也 ● 邊 〇

● 求 公無私正也共也賈名 玜王名 工官也匠也巧也功力 伉平直 攻擊也伐也堅也專治也 侊小又大也 僙武也 蚣蜈｜ 功勳也勲也又丧服有大｜小｜

光明華采也 灮仝上 洸武皃 胱膀｜水府 扛對舉 觥酒器 岡山脊 崗俗上 㟠與上同 鋼堅鐵 㼚大甕

鋼仝上 甿境也陌也 剛古文字 罰仝岡 項擊石聲 幁布巾 𦋑網漏 剛勁也堅也強也 綱維紘繩又総也又曰三｜ 罡天｜星名

● 去 亢敵也 倥｜侗顓蒙無知 空罄也虛也 悾誠也又｜｜無知 康安也和也寧也又姓也 崆｜峒山名 硿磁器飯｜ 箜｜篌楽器

匡正也扶也 眶目｜ 筐飯器方｜ 糠米皮粗｜ 嵻｜峎山名 㝩屋也宧也 框棺門也又門檔

●地東方丨動也冬四時盡也終也佟姓也倲儱丨儜劣當理合如是也敝也敵也承也抵也值也瑲充耳珠又曰玎丨玉襠袴丨

艡⿰舟氐丨戰船鐺鐘鼓聲澢水也丨丨⿰忄東愚也●頗磅隕石聲⿰亯工虛账胮腹脹

●他通達也徹也湯熱水又姓俑痛也鏜鐘鼓戰⿰巾同裙丨夷服⿰巾通仝上⿰氵通水聲

●曾宗祖宗尊也主也木也倧上古神人悰樂也慮人庄俗作丨舍之莊琮瑞玉鬃高髻騌馬鬣妝饰也粧俗妝字糚粉飾

⿸广壯壯立蹤跡也縱直也莊嚴也端也飾也矜也田舍又姓也牂母羊緵魚網⿱罒㚇仝上淙水聲樁橛也裝齊也裹也飾也

臧善也厚也奴也又姓也贓官吏受賄贜仝上椶木有葉無枝皮可作叶衣艘船着沙不行又至也寠瓦丨山名籹女笄添飾賀丨

●入○●時霜露結孀孤丨嫠婦鬆髮丨雙耦也兩婦雙双俱俗仝上艭舟名桑木名喪持服

●英翁長大之称也又姓蓊丨鬱草木盛皃仼與尫同尫與下字同尪僂也瘠病汪深廣又姓螉蠮丨細腰之虫

●門摸手丨●語○

●出倉藏谷者又丨卒仺古文倉字滄丨滄丨海蒼草色也天曰穹丨百姓曰丨生蔥葷丨又浅青也瑲玉聲鶬丨鴉鳥名瘡痍也傷也創傷也

办傷也聰能丨耳力也而又察也明也悤丨急遽也忩仝上怱仝上牕在墙曰牖在壁曰丨窗窻窓俱仝上字棇尖頭擔也

蔥葷菜葱仝上驄馬有白色⿱山忩山皃

● 喜 風 大塊之噫氣王者之声教也又丨俗又牝牡相誘曰丨又姓　佩 地名　丰 面豐滿又草盛也　佯 仙人名　凬 古風字　楓 木名　瘋 頭丨痛也　渢 水聲

方 四丨正也術也類也常也又比義丨又姓　仿 忌也　枋 木名又浮　坊 邑里之名　祊 祭四方也　斻 水廣　芳 香艸也又芬丨香也丨菲盛也　峯 山嵩

峰 仝上　蜂 丨毒在尾　蠭 飛虫螫人　鋒 刀劍芒　澧 水名　酆 邑名　豊 大也盛也大有年也　烽 邊方偹寇號火　烘 丨燎火乾　葑 蔓艸

封 大也培也緘也丨建丨贈丨禅　⿰馬荒 馬奔也又馬步　掏 擊聲　⿰米空 目瞭　芳 光色　⿰日丰 蕪穢穀不升也寬廣　⿰山豊 山名

公上上聲　廣字韻

● 柳 郎 明也　晃 仝上　烺 火光　曩 昔也　籠 箱也　瓏 仝壟字　儱 侗木盛器　壟 正丨璿也一田坪

● 邊 榜 木片也又標丨　榜 牓 俱仝上　菶 草木盛也　琫 佩刀首飾　鞛 佩刀飾也

● 求 廣 大也濶也關也　礦 金銀銅鐵璭石也　⿰金卝 金璞

● 去 孔 通也嘉美之也穴也空也甚也又姓　空 穴也　倥 丨傯多事　忼 丨慨感傷　慷 丨慨竭誠仝上　嵻 丨崀山空　儣 丨俍不平

● 地 董 督也正也古丨又姓　党 丨參藥名　黨 朋也輩也㝸丨也相助匿非曰丨　⿰氵董 物墜水聲　戃 心乱　讜 善言直言　⿰月董 肥也

● 頗 覫 視物　拌 兩手所㧱　● 他 倘 忽正　侗 直也又長大也　偒 直也又長大仝上字　儻 倘然惘也　儻 倜丨卓異也又或丨然之詞　戃 丨慌失意

曭 丨睇目无睛也　曭 丨睇目无光也　桶 木器　統 系丨緫也撫御也栮丨也埋也　綂 統本字

●曾 總緊束也統也括也皆也合也 傯倥丨窮困又不暇也 偬 総 緫 揔俱俗総字 ⿰禾悤禾聚束也 鬉丨角馬鬣

●入〇 ●時 搡投擲之勢 磉柱下石 顙額也 ⿱⺮總箸桶 ⿰壴桑鼓匡木也 爽明也清也快也差也

●英 往之也適也去也往也昔也 徃俗往字 枉屈也冤抑 嵡山皃 坱塵也 ⿱穴翁室中暗 瞈丨矇目不明也

●門 莽草深皃又鹵蛸苟且也又言不定也 莾俗上字 狵僃丨不媚 网結以漁繩之具 ⿵門䍿仝上 罔誣也無也無知也羅致也 網漁具 惘然失志又皇遽皃

輞車輪外圍 魍丨魎川澤之神 蟒大蛇 漭水大也 ⿰目莽不明也 鉧鈷丨熨斗 ⿰山莽嵣丨山鬼

●語 ⿰馬亢馬頭高也 ●出 愴悽丨悲懷 倉蛸丨草野之色

●喜 仿與彷同丨徨丨佛見不審 倆籀文仿字 俸秩祿 倣效也仿也 澒丹砂所化為水銀又澒丨大水 放倣也依也至也 彷佛猶依稀也 髣丨髴不見審皃

昉且初明也炤也 恍丨惚恍丨 紡績網絲也又丨績 訪謀也問也謁也 諷訟也徵也刺也 唪口高皃又大笑也 謊狂言虛言 捧兩手拱承

貺賜也與也 況寒冰 況形丨 玤石次玉 晃光也寬也 幌幔也 ⿰田亡魯地名 榥帷屏之屬又讀書床 風誦也刺也 舫兩舟並也

公上去聲 貢字韻

●柳〇 ●邊 謗訕也毁也

●求 貢獻也稅也 誑欺也 迋仝上 ⿰火罔堅力也今鐵上燒刀曰丨 ⿰亻往往來遠行也

●去亢過也高也敵也又旱曰丨陽伉對等相稱抗扞也以手丨舉也砊丨硠石聲吭咽也骯丨髒幸直壙野也墓穴曠明也濶也遠也久也

貢經書端木賜字子丨⿰山廣山名纊絲之細也頏咽也鞚馬勒誆謬言也又丨騙控引也過也操制又丨提吏也贛以貢仝字空丨乏

●地棟至稳凍水丨倲拼丨愚蝀螮丨虹也譡言中理也當主丨也質丨也相丨中也底也檔橫木框丨儅正中也又俤丨闣閃丨人

●頗烓火聲腵脹也胖脹臭也

●他盪陸地行舟痛隱也傷也楚也痛也

●曾壯彊也盛也碩也健也塟埋也藏也葬仝上髒骯丨綜織縷糉粽角黍偬因也偆立皃豵雄猪

●入〇

●時宋國名又姓喪死也失也失位送餞也譴也將也隨也送籀文送字

●英坱塵也塕塵起瞈目不明也瓮罌也甕汲水瓶

●門惾猶也㦜感也惑也

●語〇

●出創懲也始造也刱以下牢仝剏初也造也法丨業賶積貨也

●喜放肆也逸也逐也縱也廢也舍也況譬擬也矧也又臨訪曰來丨况發語之詞眖視也吽呪語瑁贈死以車馬者賵贈死者之物也貺與也賜也

公上入聲國字韻

●柳角獸名又姓衂刃傷䶊鼻出血也橐傘丨

●邊卜丨筮予也又姓北朔方也敗走也烞熚丨火聲鵏雉之一種也黃色鳴自呼

●求國邦丨幗婦人喪冠郭外城又姓崞山名椁外棺槨仝上鞹皮去毛也谷山中流火也又券也窮也各異詞胳腋下

閣 樓｜ 榖 皮可為紙 穀 五｜又善 袼 腋下衣合縫 轂 車｜輻所揍也 縠 縐紗 ⿰壴殳 豆名 㗥 墟名 昏 塞口

● 去 牿 牧馬羊 梏 手扭 告 啟也命也 酷 苛虐慘刻 哭 哀聲 廓 開也虛也 ⿱山郭 嵺｜深谷 擴 張大 欔 爪持 钁 大鉏

⿰石國 石硬聲 榜 鷩夜之声名曰｜

● 地 篤 厚也寔也 倬 大也 卓 時立也高也又姓 桌 几也 啄 鳥食物也 ⿰扌豖 硺 擊也 涿 地名 琢 治玉 ⿰豖己 ⿰豖尾 星名

⿰豖殳 推轂物也 督 董也卒也眾也責也察也催也救也 斸 削也 斲 俗上 啅 仝啄

● 頗 朴 質也寔也 搏 互擊 撲 拂著擊也 樸 本素 墣 土塊 璞 玉未琢也 濮 水名 粕 糟｜ ⿰米業 米｜ 博 廣也多聞也局戲也

鏷 生鐵一曰金鈔 膊 肩｜ 髆 肩甲 鎛 田器樂器 攴 擊也 ⿰石卜 硝｜藥名 扑 杖也 ⿰貝卜 羨財也 ⿰月樂 財犖乱雜

● 他 託 寄也委也信任也 托 仝上 乇 艸根｜於地上垂穗 仛 與託同寄也又毀也 侂 同託 傍 毀也寄也 杔 木名 籜 筍名 拓 推也斥開也手承物也

瑰 落魄貪無家業 魄 落｜不檢 榜 斫木而擊之也用以警夜因其聲名之曰｜俗作柝 蘀 草木葉皮墜地也 橐 無底囊 柝 夜行所擊之守更也

● 曾 作 振也治也起也造也與也生也

● 入 〇

● 時 束 縛也 速 疾也急也 遬 斋｜ 樕 樸｜小木 ⿰虫速 虫名 蔌 菜茹摠名 ⿰亻夙 傗｜不伸 嗽 口噏 觫 觳｜牛懼 鋉 金｜

餗 鼎食 槊 矛屬 矟 仝上 ⿰粟刂 細切 數 煩也屢也 朔 月初｜也｜方北方也

•英 惡善之反也又醜也糞穢也 僫過也不善也 亞古堊字 堊涂墻 屋舍也居也 •門〇

•語〇 •出 錯鎊也磨也舛也礪石也誤也又交｜ 鏃利也箭也 齪齷｜ 剒治犀 ⿰亻咸姓也

•喜 福德也善也順也祥也 侐寂也清静也 洫溝｜ 畐古福 幅布帛廣也又｜巾 輻輪⿰車祭 蝠蝙｜ 腹肚也 復反｜重｜ 複重也又上下有道有｜道

覆反｜也敗也倒也窮也審也 霍姓也 籗具魚罩 癨｜乱吐湯 壑谷地坑也 嗃嚴厲 豞豕怒聲 熇熱也 酒水竭 佫姓也

公下平聲 狂字韻

•柳 郎官名又男子之稱又姓 農殖谷｜夫 儂我也又渠｜他也 濃淡之對也厚也 穠草木稠多 籠弇玉器又瓔鳥｜又包舉 膿｜血 ⿰山良峻｜山名日所入也

稂禾不成穗又害苗艸 醲厚酒 ⿸广良高也 榔檳｜ 狼獸名 螂螳｜ 琅｜玕似珠者又倉｜宮門縮首銅環 瑯｜邪地名 廊廡也 鋃鋃鐺銷也

閬高門 瓏玲｜ 聾耳無聞也 囊袋也 囊袋也 ⿱宀良虛也 筤蒼｜竹幼竹也 勆有力 浪滄｜水名 擃刺也

•邊 旁側也 傍仝上又姓 ⿹勹方古字 徬｜徨 膀｜胱 螃｜蟹 房室也 馮姓也 滂沛也渥也｜沱大雨也

•求 狂猛也志願太高也妄躁又心病 ⿸疒狂热病 ⿰彳狂｜｜遑遽 •去〇

•地 仝古同字 同齊也共也合也輩也 侗無知也倥｜童蒙也 傏｜突不遜 ⿰亻堂仝上 唐國名 堂殿也 坣古堂 瞳目中｜子 潼水名關名

犝無角之牛 ⿰羊童無角羊 艟戰船 曈日出 朣月出 峒山名 桐梧｜ ⿰舟同舟名 童男十岁以下謂之｜子又姓也 僮頑也又婢妾之搃名

痌舍響又地下應声也 疼痛也 筒竹| 衕通衖 銅赤金 穜禾先種後熱者 鮦魚名 甋牡瓦 瓲仝上 筩斷竹為| 庝舍响又地上應聲

彤赤色 罿捕鳥網 塘鑿池注水 螗蟬也 棠甘|木名 螳|螂 鼛鼓聲 胵仝疼 嵣|巆山皃 磄岸石

●頗 篷編竹夾箬覆舟車也 ●他 糖飴也 餹仝上

●曾 崇高也敬也尊也終也 賩戎稅 賨仝上 藏隱也蓄也 叢|聚也草生也 䕺草|生 藂仝上 ⿰山藏⿱山巾|山高 ⿰氵藏沒也 灇水名 ⿱宀⿱土山古字

●入 〇 ●時 倉佇|

●英 任急行 王君|主也又姓 ●門 亡逃也失也滅也死也不在也 亾仝上 忘不志也忽也失也 芒草耑 茫水|又廣大也 邙山名

⿱山忘山名 鋩鋒| 忙怖也迫也冗也 肓心上膈下 㡆治絲帛而熟之 蒙冡也被也冒也承也欺也 㠓山也 望瞻|合望 幪冡也巾也

濛涳|細雨 曚日未出 朦|朧月入 矇即今青冥有眸而無珠也 蠓巧壤虫飛墱則風春則雨 艨戰船 罞麋罟 ⿱罒冡冡絕 雺天氣下地也不應曰|

硭|硝藥名 幪巾也冡也

●語 卬我也高也翹首望也 昂日升也明也舉也高也 ⿰馬卬|馬驚怒皃又馬白腹謂| 茚葛蒲 ●出 牀卧榻長曰榻短曰| 床俗字上 ⿰食從愛食

●喜 皇君也美也大也匡也 仜大腹也 偟仿| 皇仝上 凰鳳| 徨徬|猶徘徊也 媓母也 喤小兒泣聲 湟水名 瑝玉聲

蝗食苗虫 潢積水池又天河謂之銀河 惶惑也恐也遽也 煌焜|光輝炫耀皃 篁竹聲 遑暇也急也 崲地名 艎舟名 黃中央土之色也又姓

簧笙竿管中金葉 隍城下也 鐄大鍾 鍠鍾聲 航舟也 頏鳥高飛而下之 鴻雁之大者也又大也 黌學舍 癀疸也 妨害也礙也

鲂魚名 防限也御也禁也備也 縫以鍼鉄衣也又彌｜ 逢遇也迎也 洚水名 弘大也極也 芃草盛皃 蓬蒿也草也不理也 鬔｜鬆髮亂也

宏大也 紘絲屬 泓水深 閎巷名 葒水草馬蓼也｜曰龙舌草 蕻仝上 洪大也又姓 ⿰阝共紡織也 紅赤色 虹螮蝀

璜半璧璧类 紘冠冕之系

公下上聲廣字韻 全韻與上上同

公下去聲狂字韻

●柳 弄玩也戲也舞也 ⿰亻弄戇愚也 儾緩也 ⿰山囊山限 哢鳥吟聲 浪波｜又孟｜輕率 ⿰目良晚日 閬風｜仙苑 ⿰山弄穴也 烺炮花之聲

●邊 傍近也倚也 ●求 狂輒為也

●去 䆡｜窳高下不平也 ●地 洞空也壑也 慟哀過動心 動静之对也操也搖也出也振也｜之也 ⿰氵⿱昜心過動也 恫痛也愢｜不得志也

⿰氵⿱昜夂滌｜也 碭石之有文者又山名 踼跌行失正 湯熱水沃也 蕩廣遠大也又｜子 盪仝上推｜ 撞擊也 宕洞室也又放｜ 崵山名 ⿱山湯仝上

●頗 膨｜脝腹脹之也 ●他 〇

●曾 狀體也形象也形容之也類也陳也牒中禮也 臓五｜ 奘強大盛也 藏府庫也 ●入 〇

●時 ○ ●英 王 興也盛也 旺 光美也明也

●門 望 瞻｜怨｜責｜仰｜聞｜朔｜ 朢 月滿為望 妄 誣也誕也妄也 夢 神交為｜ 夣 梦 俗夢字 懜 惛也 墓 坟｜

●語 㤴 歔｜不安 岉 山名 鴡 鳥名 戇 愚與憃仝 戅 仝上 ●出 ○

●喜 奉 承也獻也侍也拚也 鳳 瑞禽之羽虫之長也 汞 水銀 聀 耳中鳴也 哄 衆聲喝也 俸 ｜祿

公下入聲 咯字韻

●柳 洛 水名 烙 燒灼 珞 瓔｜頸飾 駱 ｜駝 祿 俸也善也 絡 聯｜脈｜脈氣也｜筋也 傉 虜三字姓庫｜官氏 駱 姓也白馬也黑鬣尾 酪 乳醬

落 籬｜ 雒 鳥名又黑馬白鬣曰｜也 落 衰謝也隕也人所住居曰村落宮室成祭之曰｜成又｜｜難合 鹿 山獸 漉 瀝也撈也 轆 ｜轤井上汲水木 麓 山足

鑠 地名 剶 削也 犖 卓｜超絕 樂 喜｜ 諾 承領之詞又以言許人也 碌 多石也 櫟 芭｜ [illegible] 火爆米曰｜｜ 簏 竹筐

●邊 僕 ｜從又謙詞也 僕 仝上 匐 匍｜伏也 幞 吧也｜頭 襆 仝上 薄 厚之對也簾也 簿 簾｜蚕｜ 縛 采也繫｜ 伏 與匍仝

亳 湯所都也 [illegible] 偪也 泊 止息也舟附岸也又漂｜澹｜ 箔 簾｜

●求 咯 雉声雞声 ●去 硞 石声

●地 㑛 動也 毒 害也痛也 纛 大旂 獨 單也孤也 髑 人髏項也 鐲 骴也 黷 黑也垢也 躅 蹢也行皃躑｜不能行也 鐸 大鈴 匵 匱也函也

櫝仝上 牘書板公案 瀆溝｜冒｜ 犢牛子 覿見也 嬻媟嫚 讟怨謗 度算謀也量也計也又忖｜ 罜魚網 碡磟｜田器

●頗 暴日乾顯示 曝仝上 爆火烈 瀑飛泉懸水 襮領也

●他 讀誦｜ ⿰月賣傷胎 黷垢也

●曾 昨昔日也隔｜宵也 怍慙也 酢酧也 柞櫟也又除木也 濯浣也 濁水不清也 擢板也抽也舉也用也 瘯疥癬 鷟神鳥

●入 ○ ●時 ○

●英 ○

●門 木樹木又質朴也又姓 沐濯髮也又治也 霂霢｜小雨 目眼也又條｜節｜ 苜｜蓿草名可為菜 睦亲也睦也 穆和也順也美也又昭｜也 繆惡謚也

牧守養六畜又州長也 莫無也勿也不可定也 寞寂｜ 瘼病也 鏌｜鋣劍名 漠沙｜又廣也濬也 ⿰皃力勤也 登箕別名也 暯虛無也

万｜俟複姓

●語 偔多也 咢徒擊鼓也 愕錯｜倉卒放驚迸兒 萼花｜跗｜ 蕚仝上 鵠鳥名射者以為的 諤謇｜直言 崿 ⿰山噩 ⿱山咢崖｜俱仝上

⿰石咢碁｜石危 鄂州名 鶚鷙鳥善立也 噩嚴肅也 ⿱山噩山峰 ⿰咢刂刀劍刀鋒也 鱷魚｜惡魚

●出 鑿鏨也又⿱罒牙｜不順利

●喜 伏 偃也匿也 茯 丨苓 袱 包丨 複 山褁 澓 水面流也 復 反也往來行故道也答也白也 緮 絹丨 鶝 鳥名 寉 高飛又作崔

虙 古借為伏羲 服 衣丨佩丨降丨又行事也習也

8 乖上平聲 乖字韻

●柳〇　●邊〇

●求 乖 不知戾也翌也离也 乑 俗上字 鱥 魚名　●去 勈 人有力也

●地〇　●頗〇

●他〇　●曾 擺 丨倒損也

●入〇　●時〇

●英 歪 不正也　●門〇

●語〇　●出〇

●喜 竵 不正

乖上上聲 拐字韻

柳○	邊○
求拐(丨騙)柺(杖之短者)夬(卦名)蒯(草名又姓)	去○
地○	頗○
他○	曾○
入○	時○
英跦(足跌也)	門○
語○	出○
喜○	
乖上去聲 怪字韻	
柳○	邊扒(拔也)
求怪(異也奇也)恠(仝上)圣(致力于地)	去快(稱意爽也善也疾也)駃(疾也)噲(咽也仝快)塊(丨大天也土又丨地)
地○	頗○

• 他〇　• 曾〇

• 入〇　• 時〇

• 英⿰黑會（浅黑色）⿰鼻會（喘息聲）　• 門〇

• 語〇　• 出〇

• 喜淑（水聲）⿰彳惠（木名皮可牽船）

乖上入聲〇字韻

• 柳〇　• 邊〇

• 求〇　• 去〇

• 地〇　• 頗〇

• 他〇　• 曾〇

• 入〇　• 時〇

• 英孬（不好也）　• 門〇

•語〇 •出〇

•喜〇

乖下平聲 〇字韻

•柳〇 •邊〇

•求〇 •去〇

•地〇 •頗〇

•他〇 •曾〇

•入〇 •時〇

•英〇 •門〇

•語詭竭｜惰也 •出〇

•喜懷藏挾 懹思也藏也胷憶抱也 懐仝上 淮水名 槐木名

乖下上聲 拐字韻 全韻與上上同

乖下去聲○字韻

•柳○　•邊○

•求○　•去○

•地○　•頗○

•他○　•曾○

•入○　•時○

•英○　•門○

•語顡癡不聽明也　•出○

•喜壞物自敗自破也

乖下入聲　全韻俱缺

9經上平聲經字韻

•柳乳中|液　嬭胷前|子　湩乳汁

● 邊 冰 陰氣所聚 氷 仝上 仌 水凍為｜ 伻 使也急也 仮 古文兵字 崩 山｜ 帡 幄也 絣 布名 栟 ｜櫚也 傍 ｜｜不得已也

兵 戎器又执兵者 祊 庙门傍祭先祖

● 求 經 ｜緯｜綸｜常｜營｜理｜書又直也 京 大也丘絕高也｜師天子之居 庚 十干名 矜 閔也又｜持又驕｜ ⿸广京 也倉 賡 續也

鶄 鳥名 扃 坰 郊外之地 駉 牧馬所 稉 稻之不黏者 更 改也過也再也又｜漏也 叓 仝上 耕 犂田 畊 仝上 涇 水名

肱 臂上｜節 莖 草幹 硜 石聲 荊 木名郡名 羹 五味和｜ 驚 ｜駭惶也 兢 不自安也又戒慎也 供 ｜狀

● 去 傾 側也欹也寫也圮也 卿 公｜ 輕 不重 坑 塹沟陷也 阬 仝上 砊 石谷也 筐 繚｜ 銎 斧頭

● 地 丁 十干名又當也又年二十成｜又姓 仃 仝打 行 獨行 叮 ｜咛 疔 瘡名 登 登 升也熟也又禮器 釘 鐵｜ 燈 灼行 灯 字上俗仝

⿱罒丁 ｜罘小网 簦 笠有柄者曰｜

● 頗 烹 煮也 亨 仝上 俜 伶｜又俠 ⿰亻粤 使也補也 娉 ｜婷美也 甹 使也又｜峯也掣曳 砰 聲石 ⿰月水 腹脹 磞 擊石聲 淜 擊水聲

● 他 汀 水际平地 廳 屋堂曰｜ 牚 邪柱 橕 邪柱又姓 撐 仝上撥進船 撑 撑也俗字 瞠 直視也 聽 聆也 鐺 釜屬

● 曾 曾 乃也則也｜孫重孫也又姓 彸 ｜伀遽行皃又懼也 偵 問也探詞也游｜謂之細作也 僧 從浮屠教也 正 射侯中曰｜鵠 征 行也取也伐也正也 眐 獨視皃

延 正行也 鉦 鐃也鐲也 貞 正面固也 楨 幹築牆版 禎 ｜祥 增 加也重也 憎 惡也 繒 帛也 矰 結繳于矢 罾 魚網 爭 鬥也辨也

崢山峻皃箏樂器晴晴日蜻|蜓虫名菁盛皃掟打也晶精光旌折羽為旌又表也鶄鳥名精正也善也真氣也熟也細也純至也

春|米鍾|酒鐘|鼓•入〇

•時生產也生也牲畜以用祭笙禮器器也胜犬膏臭也一曰不熟泩水漲又水深也鼪鼬鼠陞登也猩能言獸惺慧也

甥姊妹之子婿也曰|升十合為|登也進也醒醉而解也腥生肉鯹鱼臭也聲氣|音|昇日上升也又|昇星列宿揔名又散也

涅水名曐篆文星字梚草木盛也旌|表

•英英華也俊也偀傑也媖女人美稱瑛玉光楧木名櫻桃|果名嚶鳥聲之和瓔石似玉者孆孩也攖觸也迫也

癭頸瘤罌瓶之總名纓冠素賏貝飾連頸鸚|鵡鶯黃鸝鸎俗鶯字鷹鷙鳥甍公侯殌也轟群車之聲炅明也

應當也料也料度之詞蘡膺胷也當也摯也親也癰瘡名嬰|孩又加也觸也•門〇

•語〇•出清澈也澄也潔也僜倰|病行又醉行也稱揚也舉也道也謂也羨也穪仝上称俗字偁古称字青東方本色

圊溷也廁也樫河柳似杨赤色鯖魚名蟶蚌属赬赤色餳飴也菁蔓艸也

•喜亨通也又|嘉也會也兄男子先生曰|馨香遠聞也胷|前

經上上聲 景字韻

●柳 冷甚也清寒 ⿱罒令｜罟小網 嶺路山 領項後也受也統｜也 濘泥淖也又水皃又滑也

●邊 炳明也著也 併相並也 丙十干名 屏蕃蔽又除也斥也 秉手｜又把木執也 庰蔽也 偋除也斥也 偋仝上 昞視也目明 屛俗字

迸走也逸也斥逐也 ⿺鬼廷挺｜山峻皃 餅粉麵之餈 鞞刀鞘

●求 景光也大也慕也仰也 儆｜戒 憼敬也 憬遠也覺悟 璟玉光 竟窮也終也已也 耿介也憂也又姓 警戒也巡｜ 境界也

烱炎蒸 炯光明明也 哽｜咽悲也塞也 鯁魚骨又骨不下咽也 泂遠也 敻仝上 熲火光 褧衣禪 骾骨留于咽中也 剄刑也又割頸也

絅亦禪衣 迥寥遠 拱｜手 栱科｜ 梘水｜簷前用也 ⿰衤冋裙｜

●去 頃田百畝為｜又俄｜ 傾俄｜少選時也 肎筋肉會處 肯｜綮可也 綮｜麻 ⿱艹頃仝上

●地 頂頭顛 嵿山名 町田埒 酊醉甚 鼎和味之器新也方也 等齊也級也稱輕重也 鼑俗鼎字 戥称銀 虰小蜻蜓也

●頗 ⿰亻兵詐偽人也 ⿱山⿰月刂國名 ●他 逞矜也而自呈也快也 郢地名 任徑也 侹長皃一日著地徑｜直也又代也敬也 梃杖也

徎山後徑也行也 壬善也成也 鞓皮帶 頲狹头也又直也 儖海岱之人且男悍曰｜ 挺直也超也拔也 艇小船

●曾 井汲水之處 整齊也飾也使之正也 愸仝上 ⿰皮丁皮膚急皃 最日出 腫脹也 種｜子 ●入 ○

●時 省察也視也禁署也薾少也 偗直皃又長 ⿸疒省痕也 眚目病也又赦也過也又妖病也曰｜ 醒醉而酥也又夢覺也

● 英 永長也遠也 永仝上 𣱱古永 栐木可為笏 頴禾末也又錐芒又警枕

● 門 猛勇也威也暴也 艋小船 酩|酊醉甚 茗茶晚取也 偯|好 佲也好 艋 皿食器[illegible]盂之類

● 語 矨短小也 ● 出 請謁也叩也問也乞也 筅小帚

● 喜 悻恨也怒也 緈宜也

經上去聲 徑字韻

● 柳 踜足踢也 ● 邊 幷竝也皆也及也 併 併 併俱仝上 柄本也权也柯也 窉東棺下也 恲訪也問也

● 求 徑小路直也 亙極也通也 俓仝徑 逕仝上又至近也 桱|木似杉而硬 更再也 敬恭敬謹也 鏡鑑也 曔明也 供齋| 粠俗菜

● 去 慶福||賀 聲樂器 磬仝上又騁馬也 罄空也 窒仝上

● 地 訂|議 釘以釘|物 鐙馬踏|也 嶝小坂也 磴小坂又登陟之道也 ● 頗 聘訪也問也 騁走也宜馳也

● 他 聽聆也待也從也 僜不動意 撐以柱|物 撐仝上 濎|濴小水 澄小水相益

● 曾 正君也平也長也是也 政正也以法正人也 種栽| 薦茭|

● 入 〇 ● 時 姓|氏 性理也命也 貹財也富也 聖|人

●英 應答也丨物之感 譍以言對問 癥謳聲 甖丨菜 壅丨田 ●門〇

●語〇 ●出 倀行為瘋狂不知所為之人 掅捽也 秤正斤两也 櫬近身衣也 ⿰貝親供齋丨祀 稱量也相等也秤物丨也且也 擤捻鼻中齈

偵丨丨走也 ⿰貝貞卖不得也 清凉也 倩假借使人又女婿也 銃大炮

●喜 悻利害聲 興悅也 嬹仝上 臖瘡腫起 啈嗔語又丨真也

經上入聲 格字韻

●柳 栗果名又敬謹也 傈廟主也 剽断也削也 ⿰車刂削也 㮚古粟 慄懼也 篥觱丨笳也 惄飢意也 ⿰月⿸厂巠屈也 襵丨摺

●邊 伯長也 佰百人為丨 偪迫也仝下 逼迫也馳也 愊悃丨至誠 煏火幹物也 百數名 柏木名 栢仝上 檗黃木

擘偽也八也 迫窘也急也近也附也 ⿰米畐與煏同以火乾物也 壁屋丨又軍壘臨危之謂丨

●求 格至也感也正也又戒也 亟急也 假至也 ⿰亻棘莿名 棘荊丨又急 ⿱敫心疾也定也 激蕩丨又感丨又姓 膈胷丨心脾之間 殛誅也 ⿰山亟山名

⿱𠂊火溺也 嗝鷄鳴 隔塞也障也 鬲仝上 翮羽莖 ⿱⺮隔竹障 戟兵器 擊扣也打也 佫至也 具大視皃 格枝柯也

槅大車軛也 ⿰口革雉鳴 革更易也又丨逐也又生皮 菊丨花

●去 克能也胜也 ⿰亻卻劳也疲也 勀自強 剋殺也丨期約定期日也又丨擇 尅同上 客宾客寄也 刻滿也剝也鏤也又時丨也 綌粗葛 虢國名

闃寂靜閴仝上喫食也陷也啣笑不止也硌石堅隙孔也囊也暇也曲歌｜

●地德人們共同生活行為的準則和規範悳俱仝上倜無憚也得獲也得也㝵古得字淂水皃滴瀝下也又涓｜水点嫡正室曰｜

適親也厚也至也｜庶鏑矢鋒鏃蹢蹄也謫責也摘手取也拓果樹寔也讁仝讁的明也寔也又端｜杓引也手揮菂不也擉擊也

笮挾也迫也疾也壓也罘兔罟弔至也啇本也竹｜篾

●頗珀琥｜璧圭｜壁屋｜擗壁開也⿰亻⿱彐乂古文辟字僻陋也又偏｜邪｜幽｜放｜也憵急也速也劈割也裂也繴織也

霹｜靂迅雷⿰月辟與下仝字癖瘕｜腹病積聚又嗜好之病也碧石之青美又深青色魄人生始化曰｜辟君也法也除也屏也拍拊也打也又｜板岶茂密皃

澼漂絮躃兩足廢也

●他惕敬也懼也斥黜也屏除剔解骨侙惕也⿰亻忒貪｜俶與下仝字倜｜儻不踞⿰犭劳屠也拆開也擊也揚挑｜踢以足蹴物

逷遠也逖仝上忒差也忑志｜心虛慝惡也叱呵｜陟黜｜⿰米啇粘也裼裝一身也单祖露臂畜罵語｜生

●曾勣功也事業責誚也征求也又｜望｜任債與上仝⿱朿貝古文責字借亦假也乇草葉也⿰亻畟小也績緝麻也成也績也功業也積累也聚也堆疊也

畟進也利器之狀簀床第嘖大呼聲幘巾｜磧水渚有石賾深也杂也蹟足｜迹足｜跡仝上蹠脚掌跖仝上

即就也今也便也只此也唧虫名堲疾也鯽魚名鰿鯽本字稷似黍而小仄平仄字聲昃日側西也迮追也窄狹也迫也

隻 單也 魙 鬼死 精 白米 蹐 小步 則 法也即也且然之詞 鼑 𠟭 俱古字 即 俗郎字 叔 伯| 燭 蠟|

•入 搮 以手理物如|果核之狀 ⿰耒色 捍也 •時 昔 前也昨也 色 顏氣也又采||慾 色 仝上 傺 倘|惡也 穡 穀成可收積也 嗇 古文穡

⿰嗇刂 刺也 惜 各也憐也爱也痛也 ⿰嗇欠 悲意 ⿰忄嗇 悲意 腊 乾肉 嗇 堅也貪也田夫也 焟 乾也 瑟 樂器又矜莊也 ⿰亻嗇 愛也貪也堅也又積也又姓

⿰昔斤 斬也 析 ⿰亻片 分也又姓 晳 白皃 索 取也求也搜也 淅 汰米 溹 小雨零也 ⿰扌索 摸| 餙 首飾之類也 錫 青金又賜也 緆 細布也又衣緣也

倏 倏忽 倐 仝上 螫 蟲行毒也 塞 填也充也壅也滿也 舄 重底屐 ⿰女睪 女名 㫺 古錫昔仝 晹 日無光也 適 如也往也自得也偶然也至也又|嫁人也

⿰米睪 淅米 唽 ||鳥聲 ⿰口易 仝上 涑 小雨零皃 栻 木局所以推陰陽占吉凶者 蝨 蟣虫 釋 置也放也消也散也注|也 虱 虫類 赩 盛也赤也

⿰木奭 拔|蓑衣 飾 修|文|粉|緣| ⿰米素 煮米多水 晢 明也

•英 億 十萬也大也步也|度也 億 俗上字 ⿱艹矜 古益 嗌 哽咽 啞 笑聲 益 增也饒也 抑 按也遇也冤屈也又反語詞 搤 持也按也

扼 仝上 阨 难也 厄 仝上 憶 念也紀也 戹 仝阨又小門也 豟 豕有力者 軛 轅端橫木駕馬領者 臆 胷也 繶 絛繩也

•門〇 •語 啋 喧也大也動也不安靜也

•出 側 旁也及也不正也偏也取也 拆 開也 ⿰扌則 打也 測 度| 惻 瘡也 尺 十寸成尺 㡿 逐也稀也大也充滿也又損也 慼 痛也忧也 慽 仝上

刺 穿也 冊 簡也立也 侵 小行皃 赤 南方色也又空盡無物也 戚 斧也親也憂也 策 謀也編簡也馬箠也 莿 仝上字 茦 仝上字 彳 小步 坼 裂也

畀 田器 塢 鳥聲 粿 糯|壞米

● 喜 赫 ||高明頭盛皃 嚇 怒也以石拒人也 郝 姓也 黑 北方|色 虩 恐懼

經下平聲 罠字韻

● 柳 陵 大阜也杞侮也又帝王所葬之地曰山| 伶 獨也又|人|官 令 斷役曰| 儜 弱也困也 伶 了慧也 玲 |瓏 蛉 螟|蜻| 岭 |嶒山深

澪 水名 聆 听也 泠 水出丹陽又||采聲也 囹 |圄獄名 苓 茯苓 拎 手提 鈴 圈鐘 羚 山羊 零 餘雨也落也又|餘 舲 小船

齡 年也 鴒 鳥名 鸰 鳥羽 嚀 叮|囑詞 寧 願辭也安也又丁||靜 凌 水室 倰 憐也 菱 |角水果 薐 度|菜名 綾 |緞

稜 神靈之威也又田遠近幾曰| 鯪 |鯉 棱 四方水也 楞 成也 櫺 窗隔子 靈 神也福也 能 才|也公善也勝任也 ⿱雨弱 古字 灵 小熱

⿰日靈 |曨日光 ⿰日零 仝上 夌 |徲漸車進也 淩 水名又歷也犯也 ⿱宀皿 安也 ⿱雨另 利|快性 龍 鱗蟲之長

● 邊 朋 |友 倗 輔也又姓 傰 姓也 棚 |棧|閣 枰 棊局

● 求 罠 無依 ⿰亻⿱𤇾几 好也 惸 憂也獨也 ⿱𤇾几 仝上 檠 燈| 瓊 赤玉也又玉之光彩也 擎 拓也 黥 墨刑在面 ⿰貝享 貨也 竆 乏財

● 去 傾 |銀

● 地 亭 道路所舍又宜也 婷 娉|美好 渟 水止曰| 廷 朝| 庭 文屏之內 籐 蔓生似竹又竹器 霆 疾雷 澄 水靜而清 橙 桔屬

呈平也又以下情陳子曰｜又露也 裎佩帶也裸｜露体 程品也限也又章｜路｜又姓 醒酒未醒也 滕囊可帶者 滕張口聘辭又國名又姓也 縢绳也约也

藤藟也凡草蔓延者皆名曰可缚 諄｜调 棖｜申 懲创也正也戒也 重｜叠

● 頩 彭道也盛也又姓 評｜論 苹藾蒿 萍浮生 蟚蟹名 鵬大｜鳥名 ● 他 停止也息也 儯俊｜ 騰耀也昇也 謄移書傳抄

● 曾 情性之動處又理也又實也 晴雲收日出雨止 層重屋也累也级也 暒與晴同天｜而景星見 嶒峻｜山皃 ● 入 〇

● 時 成就也畢也善也平也 誠無偽也信也継也｜念專也敬也無妄也 城所以盛民曰｜郭 盛黍稷在器曰｜ 傖吳人謂中州人為｜ 筬織具 乘御也登也又因也

● 英 榮华也茂也 熒微弱之光 塋墓也 瑩石似玉 螢火蟲 縈繚繞繫也 滎水名 濴水回旋 瀠水环流 瀯澴｜水回

濚仝上 營造也度也軍壘也又經｜ 嵤岭｜山深 巆仝上 嶸山峻 瀛大海 嬴姓｜ 贏獲利餘也 盈充也满也 楹柱也

⿰月𣎆屎也 閒暇也

● 門 明光也照也顯也白也辨也迎也神也灵也目力也又姓 明視也 儚｜｜惛也 㒚｜｜惛也 盲目无瞳子 盟饮血以结信也 萌｜芽 名自命也功也號也聲也稱也

銘誌也警詞 冥昏也暗也 冥 溟海也小雨也 暝晦也名也 瞑开目不明 蓂｜荚瑞草 螟蟲名 蝱齧人飞蟲

⿰金蝱銷｜ 鳴鳥聲又凡出聲皆口｜也 甍棟也 ⿰米名清米 ⿰木萌木心也又木名

● 語 迎迓也逆也又逢｜也 凝堅水盛也結也足也 ● 出 榕｜樹 松｜柏 傖體｜ ⿰崇刂鍾屬

● 喜 形 體也象也狀現也 刑 戳也法也 㓝 刑本字 侀 即形也 佷 山|縣名 荆 罰罪又成也法也 行 步也用也往也路也 亚 古文形字

型 铸金模也 硎 砥石 鉶 羹器 衡 權|又平也橫也 刑 部|科| 珩 佩首橫玉 蘅 香草 恒 常也久也 姮 |娥 横 縱之對也

桁 屋構木 𦢊 熟肉也 雄 熟肉有| 還 不收也 𢓜 行兒 恒 心也月| 邢 國名又姓

經下上聲 景字韻全韻與上上同

經下去聲 勁字韻

● 柳 令 善也律也告誡也法也又縣| 令 俗令字 佞 巧諛捷給也又才也 佞 俗佞字 另 分居也又割開也 倰 路|行兒 𠝰 割也 儜 行兒

濘 泥淖 鴒 鶺|鳥名

● 邊 病 疾甚曰一又患也憂也苦也 竝 併也比也 並 仝上 傡 俱也又勞列也 偋 婁也阬僻也 痕 阬僻無人處又廁也

● 求 勁 健也剛也 頸 頭| 脛 脚|足骨 烴 煴也 綆 汲水索 梗 木名又直也又塞也藥名桔| 峺 碍也硬 競 強也爭也高也遽也 涇 |紙

● 去 桓 木名 㮩 俗作桓字 虹 定氣

● 地 鄧 邑名又姓 鄭 邑名又姓 掟 擲出也 定 安也靜也凝也決也 錠 錫屬金作銀| 僜 俊不著事 ● 頗 ○

● 他 ○ ● 曾 靖 安也深也理也思也又縣名 靜 動之對也寂也安也定也息也無為也 甑 炊飯 贈 送遺也盆也奉| 净 潔|無污垢也

靚明也又莊飾也諍諫｜救止睜不悅視也穽陷也阬也●入〇

●時盛茂也大也長也多也乘車乘萬｜千｜[illegible]古文椉字椉車也晟明也炽也賸賖也

●英詠歌吟長也咏仝上泳潛行水底瀅汀｜水澄禜禳风祭雨鎣磨也飾也

●門命天｜又名也使也潔也召也孟長也又姓甯聽愿又姓寗姓也暝開目瞢問也

●語硬堅也強也迎親｜迓之使來也●出壏盛鹽器⿱𥫗鉼養蠶具即今鑿蠷之籃簸也

●喜幸異望也御也宠也慶也倖僥倖佞｜併送行[illegible]夭死不｜杏名果行身之所行荇接餘菜也⿰言幸嗔言又｜直也莧｜菜

經下入聲　極字韻

●柳力筋力氣所在也強也勤也仂數之餘也儮人名⿰歷刂割也⿸厂⿱方力仝上屴出勢相連扐筮者箸著指間也肋泐水聲溺沉汲

瀝餘滴也櫪牛馬皂搦按也⿱厤心懍｜⿰金歷｜鎗轣車軌道匿藏也亡也⿰日鬲明也歷過也次也經也又｜練也

勒鑣銜也抑也刻也櫟木似樗又掠也稍也⿰鳥力鳥似鳧而小者歷歲時節氣又序也⿰魚歷魚名靂霹｜雷之急疾也鰳魚名陸陸地

蛙紅｜蛙屬綠青黃間也

●邊白西方色又潔也素也明也告也帛幣｜舶海中大船●求極屋棟也中也至也要會也遠也終也佫倦也屐木｜局藏軍器處又棊｜又促｜

•去○ •地 澤水種聚也又潤也夜也滑也 擇選也 擲投也拋也 狄北方夷名 荻蘆｜ 嚁義闕 滌洗也除也靜也

敵匹也當也拒也抗也 歒｜赦小皃笑喜也 籊｜｜長殺也 翟山雉 特獨也但也匹也 廸進也又開發也 躑住足 樴杙也 糴買谷

•頗○ •他 宅屋也居也 ⿰山昔山名 蹢仝上 ⿱山乇｜峉山皃 岞仝上 蹟深也穩也正也

•曾 寂靜也 宗無人聲 崱｜岁山皃 鰂鳥｜鱼名 耤狼｜草不編也 籍薄也書也又鄉｜ 賊害也盜也

•入○ •時 石山骨又量名又姓也 妬女無子曰｜也 碩大也 夕暮也莫見也 汐海濤早曰潮暮曰｜ 席篤｜又藉

蓆大穴也墓 射以弓｜物 穸 熟賛｜

•英 亦又也捴也旁反之詞 㑊尺服緩濇謂之解｜ 役戍也 奕大也累也 弈圍棋 帟滨上小墓 洂仝下 液津液 腋肘脅下也 掖持挾

割破聲 剫仝上 劃剖也 畫卦畫也計策截止也 譯傳夷憂言之通事也 懌悅也 斁厭也 繹陳也絡也細也｜思｜ 易卦象之書義取變｜交｜又姓

瘍脉病 蜴守宮 疫瘟｜疾｜ 翼羽｜又扶也恭也衛也 役使也差也職｜ 射以弓矢物也 翌明日曰｜ 翊仝翌 弋繳射 杙橜也

豯豬之別名也 ⿸厂易交易 黓黑也 ⿱睪廾引急 脊缺盆骨 豯豬之別名也 ⿰豸門上穀謂豬為｜ 驛遞馬 曎火盛之也 鳶鳥名

嶧山名 浴洗｜

•門○ 陌田間道也 脈血｜ 脉仝上 万万俟複姓 ⿰山莫｜帕密也 ⿰氵冪瀝也淺水 幎幔也覆也 冪覆食巾 幦覆軾之皮

幭仝上 塓塗也 螟蟲名 覓尋也 覔仝上 䖗虎白 貊北方之國 貉仝上 霡丨霂小雨 驀上馬越也 系細綠

墨膠煤為丨 默不語 嘿仝上 麥五谷之名 帞頭巾 絔緉也

●語 嶺山不齊也 頟額也 額頭丨角丨 ⿰巾革結也 鷊綬鳥 逆卻也亂也逆也迎也不順忤丨 ⿰口逆嘔丨 ●出 趩日不行也 ⿰扌應拂著也

●喜 或迷也疑也未定之詞 ⿸厂或區也 域區丨也又界局也 ⿸厂或古文或字 罭罟字 窢風聲 惑迷也疑也眩亂也 蜮短狐也又射影也 緎求之縫界

聝斷耳 馘軍法斷首 閾門限 檄號名書曰羽一又曉諭百姓之書也 棫木名 核揔之名寋 劾按刻弾治 覈考之使寋也 椴種田具

獲得也婢也 覡男巫 ⿰石鬲石地惡也 齕齧也 ⿰巾畫裂帛 淢城池 ⿱艹或叢丨草名

10觀上平聲 觀字韻

●柳○ ●邊 搬運也移搬多也 ⿰扌⿰舟犬俗做丨移丨演字 ⿰舟犬仝上

●求 觀視也 倌主駕 官宦也職也公也司也 棺收屍之丨 涓絜也避也小流滴也 捐丨題除也 娟嬋丨美好 鵑杜丨鳥名 覌俗字 癏病也

鰥魚名老而無妻曰丨 蠲明也除也潔也免也 冠冕弁揔名 棬栖丨屈木盂也 關扃也掩也界止之門也又姓也 悁丨中倦也 痯 瘝仝病丨也

●去 寬裕也緩也廣也施也不猛也 寛俗字 ●地 端正也首也明也緒也匹也 偳仯丨少也

●頗 潘姓也 拌棄也 拚仝上 ●他 湍激丨急瀨

●曾 專壹也誠也抎也獨也 蓴菜名 鱄魚名 甎甓也瓦器 磚俗上 耑發丨也丨緒 顓謹皃 槫木名

●入〇 ●時 宣布也揚也通也昭也 亘求丨也扬布也 咺寬綽皃 晅日氣 烜曝也光明 萱鹿葱花 暄日暖 瑄大璧

諠譁也囂也 喧仝上 酸酢也寒也 痠身體丨痛 諼詐也妄也 ⿸厂⿱亘𧘇門關 揎埒也引也 ⿰木⿸厂⿱亘𧘇木丨開門閉門機也可 ⿱艹酸菜名

⿰齒夋齒酸也 塇璧大也 ●英 冤屈也枉也 剜刻也削也 彎曲也引也 灣水曲 鴛丨鴦匹鳥

●門〇 ●語〇

●出 川穿地而流 拴揀也 詮解論也評事論理也 銓衡也量也次也 筌取鱼竹器 痊病除 穿鑽也貫也 悛改也止也 湍波流瀠洄

●喜 歡喜也 懽仝上 驩馬名 讙譁也 番次也更也 幡拭布 ⿰亻番次也聚也 潘淅米汁也 旛旐也 瀿大波也 翻及也飞也

⿰米亘白米 嚾喧囂 爟舉火 墦丨間塚也 璠玉美 磻太公釣魚引於丨溪之處 燔火燒物也 膰祭月

觀上上聲 琯字韻

●柳 煖溫也火氣也又口氣也 暖仝上 煗煖本字 餪女家三日送食曰丨 卵特指动物的蛋 輐圓利去角 軟桑也軟玉 ⿰日耎仝煖

●邊 坂大澤障也 阪山脅也 舨艫丨角也 般縣名

●求 琯玉丨 綰繫也貫也 館客舍書舍 舘俗上字 痯疲貌 管樂器筆彄玉當也又姓 逭逃也轉也 卷收也 筦丨弦又姓 輨軍轂鐵也

錥 田器 捲 用之勢也又收也｜物也 盌 洗手

● 去 歀 衷曲也誠也叩也又除｜ ⿱艹歀 俗⿱艹款 窾 空也 綣 繾｜厚意 ⿰木款 名影有足 欵 ｜洽也

● 地 短 促也不長 ● 頗 坢 平垣地 坪 仝上 趆 走也

● 他 疃 禽獸所踐處又町｜舍旁隙地 喠 仝上 踹 足⿰月艮 ⿰豕彖 野豕 ● 曾 囀 鳥聲轉也韵也鶯鳴之聲 轉 運動旋｜

● 入 軟 柔也 輭 軟本字 餪 弱也｜敬 媆 弱也 ● 時 選 釋也 潠 口合水噴 椮 織木曰｜ 椮 刑具 摻 逼也

● 英 倇 勸也歡樂 宛 ｜然依然 椀 飯器 碗 仝上 苑 養獸之囿 盌 小盂 椀 仝上 琬 玉名 腕 掌後節 浣 濯垢 莞 小笑

晼 田三十畝曰｜ 遠 遼也久也遙也暇也 婉 順也美也少也 阮 國名又姓 剜 刻也削也 ⿱夗田 俗晼

● 門 滿 盈也充也 懣 煩也 晚 暮也後也 ⿰免旦 仝上 挽 引也 輓 引車也 娩 分｜ ⿱宀勉 勤面

● 語 玩 好｜也弄也戲也 翫 習也厭也狎也遊观也貪也悅也 阮 姓也 ⿰目元 視也 貦 坃 好也寶器 ● 出 歂 疾息 喘 息氣｜氣

● 喜 反 ｜覆也不順也 仮 不順 阪 陂也澤障 坂 坡｜ 飯 飲也餐也 返 還也復也

觀上去聲 貫字韻

● 柳 ○ ● 邊 半 中也物分 絆 馬繫也舉足曰｜

●求貫繩也穿也爭也又鄉貫又條也丱束髮如角串習也慣仝上瓘玉名鑵水具罐仝上水具觀道宮曰丨鸛鳥名桊牛鼻上環

灌方祭之始用鬱之酒始用鬱鬯之酒丨地降神又溉也澆也聚也眷親也顧念卷丨帙弓書卷弖道經書丨礶俗字狷偏急也又才不足而守有餘也獧仝上又怪

絹繪也睠回顧也睊側目相視絭攘臂索繩又曲也祼祭酌鬯以灌也盥以盆水洗淨手也冠男子二十曰丨睠回顧鐶臂環也重券契丨

●去勸勉也助也教也獎也券約也契也

●地斷決丨也

●頗泮丨宮學宮又散破也泮冰釋判剖也分也斷也伴丨奐縱弛袢無水

●他鍛磨也推也鍊也煅仝上大打鐵也彖易丨論卦之體揠打也碬磄丨高下

●曾鑽穿物之錐手一也攢仝上

●入〇

●時算核計計數筭仝上蒜葷菜祘目視

●英怨讐也恚也恨也夗古字

●門〇

●語〇

●出串穿也貫也篡逆而奪取纂組也穿貫丨僢蠻夷臥以足向內也竄逃也驅逐藏也釧臂丨爨進火炊也⿰金串長丨玔玉環

●喜煥光明奐美丨喚呼丨泛浮也氾丨濫汎同泛漂浮換易也瑍玉有文采仈輕也渙流散解釋

渢中庸之聲販贱买贵卖曰丨汎漂浮通泛幻美也變也

觀上入聲 适字韻

●柳 劣 反也弱也優也少也鄙也

●邊 撥 捩開也轉之也發也除也治也 鉢 食器盂屬 砵 此字音過俗作鉢非 般 梵語般若

●求 适 疾也 乜 丩丨動皃 佸 會計曰丨 活 水流聲 刮 削丨摩也 决 俗決字 诀 环之不周 決 行流也斷也破也絕也 抉 縱橫彊

鴂 子規 駃 仝上 訣 別也絕也辭也又方術要法也 ⿰弓夬 牙攀也所以鈎弦發矢也 鵙 伯勞鳥名 譎 詭詞 恬 檢也刷也又包丨 聒 讙語也聲擾也 駃 良馬

刔 剔也 ⿰日夬 日食 趃 趏 走馬病行 ⿱艹決 丨明花菜

●去 闕 宮門也失也空也 厥 甚也語詞 蕨 菜名 劂 剖丨曲刀 闋 終也 闊 廣也遠也疏也大也 缺 器破也玷也少毀也 濶 俗闊字 觼 環有舌者

觖 俗觼字 ⿰垂夬 空也及也虧也 撅 賊强曰丨 瘚 病也 蹶 蹷 跳走速跋 ⿰石厥 发石丨 橛 橜 杙木也 橜 強刃 ㄥ 識丨曰钩

●地 掇 採也拾也 惙 憂也 綴 聯也止也 輟 止也已也 裰 補破衣棠也曰丨 剟 削也割也擊也 啜 言多不止 逫 走也 ⿰足叕 小跳也 ⿺走叕 仝上

錣 杖末鋒也 涰 水聲

●頗 叭 口開也 ⿰口發 言安 癹 以足踏夷草也 潑 澆也散去水聲 鏺 刈草器也即鎌也刈也

●他 脱 輕易也解也遺也免也 侻 狡也輕也可也 稅 丨冕 說 仝上 ⿰兑皮 皮剝 ●曾 梲 梁上楹也 拙 不朽 茁 草生出地

●入 〇 ●時 雪 凝雨洗也 ⿱雨彗 古文雪 說 解也論也訓也術也 ⿰雪刂 削也 刷 刮也拭也掃也

●英 穵 手｜穴也 屾 勢相山曲 軋 車轉也又勢相傾也 揎 取也援也 歕 哽噎 斡 旋轉運也

●門 抹 摩也塗｜亂曰塗長曰｜ 秣 以穀粟飼馬也 ⿰皮末 皮也 ●語 ○

●出 歠 大飲 啜 茹也嘗也 ⿰叕皮 皮斷 撮 感聚而削取也兩指｜也 繓 餘也 襊 緇｜ 蕞 小也

●喜 法 度也常也效也刑法方｜ ⿱亼正 古文法 灋 古法 發 起也興也舉也揚也遺也放也 髮 頭毛｜也

觀下平聲 權字韻

●柳 鑾 鈴也 巒 山峰 欒 木名又姓 鸞 鳳和鳴 灓 漏液也 攣 拘｜繫也 戀 眷也不舍 孌 美好也 ⿱䜌刀 刀｜有鈴 曫 日昏

●邊 弁 冠也 拚 飛皃 般 樂也 槃 ｜桓自得 磐 大石 盤 盛物之器也又曲也安也 鎜 仝上 鞶 大帶 瘢 瘡痕 胖 大也 蹣 ｜跚跛行

𦬇 便｜ 媻 小妻

●求 權 稱錘也又經｜又｜宜｜柄又暫也 鬈 鬢髮好皃 婘 美也 高 不低 ●去 拳 屈手勤也眷戀也憂也 惓 ｜｜謹也 圈 養畜之間 ⿸疒卷 手曲病也

●地 團 圓也聚也 漙 露名 慱 憂勞 傳 以手圜之 ⿰米專 粉餌 ●頗 ○

●他 傳 授也續也布也 椽 桷也 ●曾 全 備也具也保也完也 佺 偓｜古仙人堯時人 牷 祭祀之牛體全曰｜ 泉 一源

●入 撋 撋也兩手相摩切也 㨎 仝上 ●時 旋 周｜盤｜斡｜ 漩 水面 淀 仝上 璇 美玉 璿 仝上 揎 揎也轉也

●英 丸彈丨名藥 紈素也結也 芄草名 表姓也 猿猴也 轅車前曲木也又官府丨門 園種菜果也 員官數又周 萑細葦 完全也保守

⿰山員山曲 幁幅丨幅廣也又丨周也 圓與方对又周也全也 莞草名 紈索也 袁衣長 烷丨蘭之花

●門 懣志也 蹣踰墻 ⿰米滿粥凝也 顢丨頇大面 瞞閉目又目不明也

●語 元大也始也首也 刓剸也圓也 頑癡也鈍也 黿大鱉 原本也平丨壙野也又推丨 嫄美丨 邧邑名 騵白馬傷也 螈蜥蜴

●出 船舟也 舡俗般字

●喜 環圍城無端又回繞也 儇慧也利也 鐶指丨耳丨 圜繞也圍也 闤市垣 寰天子封畿內地 還退也歸也顧也償也 澴水也 墦冢也 璠宝玉

燔熱也炙也 蟠蟲名屈也伏也 ⿰足蕃息也滋也草茂多也 磻溪名 膰祭餘熱肉 蹯獸掌 煩擾也 蕃屏也垣也籬也 藩皆也大概也庸常也

鬟總髮 ⿰扌頻多也 繁仝上 帆蒿篷 蘩不簡也悶也勞也 凡船上幔所以丨風 樊姓也丨籠 礬丨石 垣墻也 瀿水暴溢也又水名

⿰米番米丨 鳩丨鷂鳥啄蛇尾 糫膏丨粔敉 籓通作藩 覃劣也 ⿰牜暴仝上 ⿰馬樊馬躊躇不行也 ⿰王還璧完成無端兒 ⿱林石丨石 擐貫丨

儇利也 桓華表也又武兒難進又盤丨也 吩丨咐

觀下上聲 琯字韻 全韻與上上同

觀下去聲 縣字韻

●柳 亂治也又不治也卒也 乱俗字 偄弱也 戀眷念係慕 薍草丨 ●邊 畈田界 畔背丨

●求 縣州名 倦懈也疲也 券疲也 券仝上 ●去〇

●地 篆丨字 緞紬丨 斷截也剪也絕丨 傳訓也又經丨又續也驛遞也 ●頗 伴侶也依也倍也丨讀

●他〇 ●曾 撰寫作著書丨著丨述 譔仝上 饌飲食之也饗具也 詮平事料理 鈁轉軸

●入 鍒柔銀 ●時 羨欲也欣也貪也慕也 羨仝上 掟揎也转也 銓金剛丨又丨石

●英 爰曰於是也引也換也 媛美女 瑗大孔璧 緩舒遲縱也 遠離也去也 援牽引攀丨 褑佩丨之衣也 湲水名

●門〇

●語 愿謹嚴善也 原仝上 傆點也 願欲也思也覬望也羨慕也 薍荻丨 ●出〇

●喜 范姓也 佢丨臣 宦仕也官也又閹丨也 犯觸也干也侵也潛也 範法也拭也又模也又闆丨 帆舟上幔 柙無丨衣名 飯炊穀為丨日月用也
凡皆也大概又庸常也 患憂也慮也病也惡也難也禍苦 豢豢以穀食獸 軓軋車式前丨 苭幼盧丨詭惑丨化妖術 梵丨語丨文

觀下入聲 槩字韻

●柳 捋掇也取也 埒矮牆也 頛面醜 辣味丨 ●邊 犮走也 拔抽也擢也 跋丨涉 鈸鐃丨 軷祭行道也

茇草舍 魃旱神 祓 袚西夷之衣曰丨 軷祭行道神 跋日丨躐也 越仝魃

•求 橜杙也 橛仝上 丨鉤逆者謂之丨　•去〇

•地 奪强取也　•頗〇

•他〇　•曾 絕斷也奇也起也息也

•入〇　•時 疌拈也

•英 曰稱也謂也發語詞 悅喜也 說仝上 閱觀也經歷也閥丨積功也 粵於也審察之詞 戉大斧也 越發揚也 樾樹也 鉞斧丨

•門 末木杪也無也遠也端也勿也 沫水丨涎丨 妹丨喜 韈足衣 襪仝上

•語 月太陰之精 仴地名 刖絕也斷足 軏車轅推持耑衡曰木 鈅兵器 岄山名　•出〇

•喜 乏無也匱也 伐征丨又誇也繫也研木也 佸會也 活生也不死 筏桴也船也 閥丨閱 罰丨其罪也 ⿰亻⿱千日仝佸 栰渡水 ⿰舟舌船行

卷二終

彙集雅俗通十五音

卷三字母

沽嬌稽恭高

11沽上平聲 沽字韻

●柳〇 ●邊 晡申時至未日將半晡 埔草| 捕|取 箭竹器

●求 沽買也又賣也 酤買酒賣酒 枯|槁 蛄螻|蟬也 骷腰脊膝骨 姑父之姊妹曰|且也 菰藻|生木中可食也 辜罪也 孤|負|獨

罛魚罟 勾曲也 觚餐飲爵又殺也 鴣鷓|鳥名 句仝勾 鉤可物曲悬 鈎仝上 溝曲洞之水 媁苟且保住 鮎|觚魚名

媾连婚曰| 構架屋興造 購永贖 罛魚罟 覯遇見 遘遇也 鮎稜也

●去 篐以篾束物 樜柴也 粇茶|油|

●地 都天子所居之地曰一又総也 闍城之外城曲池也 ●頗 鋪|張|陳 菩|薩|提 麱麥皮 䴺大豆 稃麥皮

●他 偷盜也竊也薄也苟且也 媮|容苟合 喻日陰

●曾 鄹孔子之鄉 鄒姓也 諏諮謀 租|稅 緅青赤色 陬咨谋隅 菆草生 趄趨| 騶|虞仁獸 且往也 徂往也

鉏立耨 棸木名 芻茭艸刈艸 蒭僧曰苾| 艄海船 鯫小魚

●入〇 ●時 穌死而又生 甦仝上 蘇草名木名又姓 酥酪屬牛羊乳為之 橅材可染緋 踈稀也 梳理髮具

蔬菜具 蒐求索也又治兵也 疏不親也通也分也遠也又稀也 筲竹器 溲便溺 搜索也 艘船名 颼風聲 䟽佸| 摉仝搜 廋匿也

●英 烏鳥名又金一日中三足鳥也 嗚嘆詞 於仝上 ⿰木烏帛｜水具 謳齊聲而歌 漚水也 鷗水鳥 惡何也 ⿱竹溫竹器以息小兒也 鄔姓也

●門〇 ●語〇

●出 粗疏署不幼也又物有美惡精｜ 麤蔬不精也 麄仝上 麁仝上 ⿸尸粗糞｜ ⿰且皮古粗字

●喜 呼｜喚也嘆氣也又出息也 戲｜歎美詞 滹水名 戱臭也伐也 嘑虎怒又姓 苸草名

沽上上聲 古字韻

●柳 魯國名又姓 櫓進船搖｜又盾也 鹵西方盐地曰｜ ⿰扌鹵搖動也 虜掠也北狄 擄掠｜也 塿培｜小阜 ⿰木虜所以進船以掌加長

帑用力也勉厲也 ⿸疒魯痘疹 ⿰言魯語也 艪仝栳 ⿰忄虜苾惑

●邊 補｜綴衣也裨也墳也 ⿰糸甫完衣｜綴也 緮仝補

●求 古遠代也久故也 估市稅也又論價也 牯牝牛 詁訓｜ 罟網｜ 笱取魚竹器 盬鹽池不堅故也 苟誠也果也又｜且也 狗犬也

鼓革音之器 鼓俗上 鼓擊也彈 耇老人面如浮垢 枸木名藥名杞子 股肱也髀幹 羖牡羊 ⿰羊古仝上 蠱腹中蟲也又封名

⿱艹冓宮中深密之处 ⿱艹狗犬吠也 垢塵垢 賈價者坐賣

●去 口言語所由出飲食所由入 苦炎上之味又用悴也卒楚 笘竹名 ⿱艹⿰辛古辛｜ 許姓也

•地 斗 量名 豎 禮器 抖 |擻 枓 桂上拱| 蚪 蝌|蝦蟆 覩 見也 睹 仝上 堵 垣也 賭 博財 陡 峻也 ⿰月度 戲賭也 蠹 |瘕也

•頗 浦 水濱 圃 種花菜 溥 大也 譜 世系 剖 判也破也 普 皆同也

•他 土 |地 ⿰豆欠 啞也 黈 黃色|纊

•曾 走 去也奔也 阻 止也 俎 祭器 祖 先輩大父| 咀 含味 殂 死也 組 印綬線也 沮 止也 珇 瑞玉 ⿰目且 田| 詛 咒|

•入 ○ •時 叟 長者之稱 瞍 有目無眸 瘦 臞瘠 傻 以下同 傁 與叟同 ⿰氵數 大澤 漱 濯澣 擻 抖|起物举也

溯 遡 |回呈流而上溯遊而順下也 艘 大船總名

•英 隖 小障山阿 塢 仝上 鄔 地名又姓 嫗 老婦 漚 久漬之也 嘔 吐也 歐 仝上 ⿰口咎 同嘔 嵨 山名 溩 |水 塸 小障 瑦 石名

•門 畝 田| 畒 仝上 牡 畜父花名 姥 老母 母 父| 姆 女師 某 厶 某 未定之辭又|代名 栂 江|木名

•語 ○ •出 楚 叢木又整|辛|也 濋 水名 礎 柱下石

•喜 虎 猛獸 虝 蠅| 否 不然 不 仝上 岵 山無草木 滸 水涯 缶 瓦器 吼 虓聲 冔 商冠名

沽上去聲 固字韻

•柳 ○ •邊 布 |帛又鋪也散也又姓也 佈 徧也 抪 布散擊也 怖 惶懼 傅 姓也 誧 諫|

・求 固堅也陋也 痼固病久之 雇僱倩 僱俗雇字 顧回視思念 句句當 雊雌雉鳴也 搆牽也 媾重婚 構架也造也

購以財所求 遘遇見 姤陰陽相遇 詬恥也詈也 覯遇見 彀弓矢持滿 故固為之也舊也事也物也｜故 錮鑄銅鐵以塞擊也又禁｜ 夠多曰｜

・去 叩問｜｜首 扣擊也 寇攻劫也曰｜又姓 蔻豆｜藥名 寇纖具 佝僂｜短也醜也 袴股衣 庫银｜仓｜ 褲衣股 釦金飾｜ 袴衣股

・地 鬭姓也 鬪爭｜ 鬦仝上 妒｜忌 妬俗作妒字 蠹蛀蟲白魚 斁敗也 柘木名 黕深黑色故濁也黑也

・頗 鋪買肆 舖今多用此｜字

・他 兔獸名 兎仝上 菟｜絲药名 吐出也 透通也過也

・曾 奏進上節｜ 做作也 湊水會競進 輳聚也 祚福也 咀咒｜誓其過往名曰｜也 簇太｜正月律名

・入〇 ・時 素白也空也兄在也 傃循常分也 愫真情 餗膳徹葷也 訴告也訟也 疏條陳也記注也 漱瀚滌又｜口也

塑埏土似像 溯逆流而上 嗽欬｜ 瘷仝上 數算術也又理｜也 忻並流而上曰｜ 愬辨訟

・英 惡恥也憎也 僫與上同 亞亦與仝上 ・門〇

・語〇 ・出 錯棄也 醋酸米 阼東堦 祚福也 䄍年終祭名 措取也 厝置也 蜡合聚萬物索享百神

・喜 ⿸戸乎門｜ ⿰氵⿸戸乎水｜也

沽上入聲 全韻俱空

沽下平聲 糊字韻

●柳 樓重屋 僂俯也 摟牽也 婁宿名 縷線也 螻|蟻 髏頭骨 鏤劍名 瘻打成病 貗小豕也 蔞藥名瓜|

⿰盧瓜葫| 瀘水名 爐香| 壚酒| 鑪大床 纑练蔴之布 鱸魚名 蘆葦名 顱頭骨 鸕|鶿 ⿰貝婁貧也

盧姓也呼|紅點也 臚腹皮又鴻|官名 轤轆|井上汲水具 奴|婢

●邊 蒲葛|水草 莆縣名 酺飲酒作樂 餔申時食 逋逃也負也 匍伏地 葡|萄果名 裒聚也灭也 ⿰石裒形也 ⿰甫欠人名

抔手掬取也 捕摴|擲以為戲 苞竹|

●求 糊粘也羹米及水為| ⿰麥胡仝上 ●去 痦痷|阻滯也 ⿸疒胡|廋物也 ⿱艹扎蔓艸名也

●地 圖謀也|書又浮|塔 梌木名 酴|酥酒名 荼苦菜 途道路 涂姓也 屠 塗泥也路也圬抹也 瘏困病 途路| 骰賭具

投訴冤 徒党弟步行隸但空也 投擲也贈也托也合也 啚乃鄙字今作都|字 余擣|匈奴山名

●頗 菩|薩 捗收斂張 ⿰虫步|蛴虫名 ●他 頭首也 二義闕 土田| 泥|鰿魚名 涂姓也

●曾 䶐齒不相值 咀罵也 ●入○

• 時〇 • 英 胡 姓也 湖 大陂 瓳 水｜

• 門 謀 订也议也畵也 侔 齊等均也 牟 ｜尼佛名 眸 目瞳 模 規｜ 嫫 ｜母黄帝妃也 膜 胡人拜稱曰南｜ 摸 ｜索 墓 仝上 謨 谋也定也

䏬 眷也 漠 沙｜也又澹｜也 蟊 食苗根之虫 麰 大麥

• 語 吾 我也 浯 水名 梧 木名 珸 美石 鯃 魚名 吳 姓也 蜈 蟲名 ⿰魚吳 魚名飛鼠 ⿱艹吾 草名 鼯 亦飛鼠也

• 出〇 • 喜 侯 美也维也又姓 矦 仝上 篌 樂器 猴 獸名 喉 咽｜ 壺 酒器又投｜也 ⿰布瓜 取起水中物也曰｜ 湖 大陂

瑚 珊｜ 猢 ｜蝶 蝴 粘也｜蝶 餬 ｜口寄食也 鶘 水鳥之名曰鵜｜ 狐 ｜狸 弧 木弓 瓠 匏也 鬍 多鬚 餱 幹食不能下咽

糇 ｜糧待食也 鍭 箭簇也

沽下上聲 古字韻 全韻與上上同

沽下去聲 怙字韻

• 柳 路 道道｜路 潞 水名 璐 美玉 鷺 ｜鷥 賂 賄也 蕗 香艸又胡雉土名曰｜蕎 輅 車也 漏 滲｜ 瘺 ｜瘡 陋 狹也鄙也 弩 ｜弓

滷 鹽｜又鹽魚使鹹也 露 陰腋｜現 僂 ｜問短見

• 邊 步 徐行也二夆足曰｜ 歩 仝上 捕 擒捉 哺 食在口也 勏 用力 埠 宮牙｜頭舶船｜頭 部 分也總也絃也界也署也｜曲 ⿰虫步 義闕 餔 哺仝

●求 怙依靠仗恃｜勢 詁訓通古今之言而明其故也 悃仝怙 ●去〇

●地 豆俎｜又菽 荳菽也 痘｜疹 逗止也留也 脰頸也 度法｜ 渡濟水 鍍以金度物 土木根之皮

肚腹也 荰香艸 讀句｜ 杜木名也又塞也又姓也 塢｜鵲 竇鑿垣為孔又穴也 塿填塞

●頗 簿籍也領也又手版也 蔀 廍蔗｜

●他〇 ●曾 祚肉祭 驟足疾 助益也佐也相也

●入〇 ●時〇

●英 芋土果 籚｜籃似息小兒者 ●門 戊十干名 懋美也勉也 ⿰亻敄佝｜鄙吝 募招也 幕帷也

慕思也係戀也又姓也 墓塚也 暮日晚 莫仝上 貿交易 幙仝幕 茂草豐盛也又勉也 ⿰犭敄義闕

●語 悟覺｜ 晤明也对也 寤寐也 俉迎也 悞欺也惑也 誤謬｜ 五數名 ●出〇

●喜 后君也后土 乎語之餘也 互差也交｜ 沍寒凝 楛木名 戶｜扇門｜又民家曰編｜ 逅邂逅不期而遇 護救也助也擁全之也 扈尼也｜從

槴取魚具 濩湯藥名 矱度也 蠖尺｜屈伸虫也 後遲也先之對也 穫刈禾 鑊鼎具 候猴本字 厚重也

⿰貝侯龍貝出南海又⿰貝婁貪財之 候放也又氣｜時｜ 祜庇｜ 雨風｜

沽下入聲全韻俱空音

12 嬌上平聲 嬌字韻

●柳 瘷縮也 ●邊 嘌小峯 臕脂|肥也 標木杪也舉也表也立木為表繫線於上|

●求 嬌態也妖嬈 僥偽也 嘄陽|獸名 簫樂器大管 獢矜也憐也 驕逸也恣也自矜也又傲也

●去 橇泥行所乘 毃擊也 蹻舉足高也 嘺仝上 嶠仝上 蹺抬起舉起 撬牽也起也

●地 朝早旦 彫琢|蔞落 凋|瘁|落 鵰鷙鳥 貂|鼠 琱治玉 刁軍中飯器 雕明章刻琢 鳭不孝鳥

⿰犭鳥|鷯似雀青斑色長尾也 鼦鼠| ●頗 儦行兒眾也 瀌雨雪盛兒 麃舞兒又耘 鑣馬銜外鐵 穮耘也

猋犬疾走兒又大風也 摽指也摩也|記也 漂浮也動也流也 熛火飛 縹輕牵 飄|飄兒大風吹所吹也 螵|蛸螳螂子也 飃風聲也旋風也

飈仝下 杓北斗之柄 飆暴風從上而下捲也 魒北斗柄第一星 翲|飛 瞟置风之目 勡|勦 慓頭疾

●他 佻偷也藥 恌仝上 祧遷遠祖廟 挑撥也取也杖荷也 弨弓弛束张 超越也逸也躍過也 刁難也 忉憂| 祒姓也

●曾 焦火也 蕉芭|芽| 椒胡| 膲頭至心心至臍臍至足以為上中下三|以傳道也 卲仝昭 招手呼也 僬||明察也又|僥短人 昭明也著也又略|

釗遠也見也勉也 嶕|嶢山高 炤明也 瞧目偷視也又|瞇目眇也 ●入〇

● 時 消盡也滅也哀也釋也又丨息也 俏丨然反琴 綃綺屬 宵夜也 痟酸丨頭痛也又丨渴病也 𢈉頭痛目暈足酸乃下丨之丨字 霄雲丨近天 踃脚筋急病

逍丨遙 蛸桑螵丨螳螂子海螵丨烏賊骨 瀟水名又丨丨風雨暴疾也 銷火然焚也 簫樂器 彇弓稱頭也 蕭荻也丨條寂寞 翛飛羽之聲

燒火然焚也 焇乾也 硝芽丨 硝芒火藥名 魈山丨獨鬼 焦三火

● 英 天丨丨和舒也又少好也 妖祥巧孽魅 么小也幼也 幺仝上 祅地反物為丨天反物為災 要刼也招也求也遇也 腰身之中也 喓蟲聲

飢腹中不飽 葽远志艸名 䙅丨裳

● 門〇 ● 語〇

● 出 鍫臿也 鍬仝上 搜丨集丨尋

● 喜 儌丨倖 憿仝上 邀遮也求也招也要也 嘐丨然虛大 徼求也抄人之意以為已有者也又伺察也 嘵恐懼吉怨 枵虛也 鴞鴟丨乃悪鳥

㒓傲也 囂斷首倒懸也俗用此字亦用梟字 県仝上 嚣仝上 驍良馬也又武猛 憿歷丨 県喧也又丨丨無欲自得之也 嬈丨娜

獥求丨 梟不孝鳥又丨首又勇

嬌上上聲 皎字韻

● 柳 了决也曉也 撩整理 瞭目睹明也 繚纏也 蓼辛艸 嫋長弱也又曳也 嫽 憭撫心自傷

●邊 表外也明也又人品出眾曰｜｜又下言於上口｜又旌｜表親 摽落也 殍餓死 莩仝上 𢷾古字 婊優｜ 裱｜褙

●求 皎潔白日光 矯詐也摳也強也妄托上命也 攪亂之也撓也手動也擾也｜擾撈｜麥 繳纏也又回｜也 灚撓水聲 皦明也 儌｜行也

曒玉石之白又明 曒叫｜ 蹻骄慢武强皃 矯屈谊擅强 賭輸贏以錢也又｜場 裱｜褙

●去 髜高也｜身

●地 僞｜佻輕也 𥝩禾重穗也 𢂓｜帬也給頭也 𠐩與佻同又獨立也

●頗 剽末也 皫禽毛色變而無潤澤

●他 窕窈｜善心曰｜善亦曰 挑弄也戲也引調也又｜戰 掉搖動也 髜山皃 誂相呼诱也 嘵相呼

●曾 沼曲也 姊｜又｜人 鳥花｜｜仟

●入 叉手足｜也 爪覆手取物 抓亂搔掐也 擾煩也亂也 繞纏也幃也 遶仝上

●時 小微也细也 少不多 篠箭屬小竹 嬲相擾

●英 夭短折也不盡天年又曰｜如也 殀不壽 舀抒｜｜水 窈幽靜深遠 鷕雌雉聲 𩈹｜靤曲也 穾｜深也 偠｜儴细｜ 仸｜倫不伸

●門 渺水皃 緲微也 淼大水 杳冥也深也寬也寂也 邈遠也渺也又輕視也 窔室东南隅 皛顯也明也 溟｜冥不測 窅深遠 藐輕｜也又微也

眇目少視｜微不盡也 杪木末歲末 秒禾芒 龖輕視 龘飛龍之貌 仯小皃又驚悚也 藐｜視

●語〇　●出 愀心憂色受不樂 昭目｜弄人 僺僥｜長也 悄憂也急也靜也

●喜曉明也且也慧也開喻也智也了也

嬌上去聲　呌字韻

●柳〇　●邊 俵散｜ 裱領也袖口 [illegible]散匹帛獎三軍

●求 呌呼也 叫仝上　●去 竅穴也空也 徼循也境也邊也小不還卒曰又｜｜ 𩫕究｜高下不平

●地 伄｜當不常 弔問終也傷滑也 吊俗弔字 𦀰以繩縛也 釣｜魚 𩢍遠也亦｜鳥名 瘹狂病

●頗 僄輕舄輕便 嫖姚｜官名 票搖動也今書牌也 漂水中係絮又｜布也 剽砭刺竹殺人也又剝也又輕｜ 驃騎｜官名 僄轻｜也 勡攻劫也强取也

瞟置風日中令乾也 嘌｜摇不安

●他 跳躍也 糶賣米穀也 眺目不正也望也 頫俯首而所也又大夫眾來曰｜

●曾 照明所燭也 炤仝上 瞾曌俱仝 僬趨走促數不為容止之也 詔告民上命又教導

●入 抓亂搔掐也 皺面｜眉｜ 縐飾之細者又蹙也衣縮不伸也

●時 少未老 肖似也類也 哨口不容也又吹箫以示警 俏作肖似像 峭山峻 誚以詞相責 䔄糜也 哨菡｜花也 數錢｜也 帳算｜

●英 要約也欲也契也又｜合樞｜凡｜切｜ 穾隱情也室東南隅也復室也 獟趙魏謂牛馬騰躍曰｜又獸名

●門 ○

●語 嘄叫也

●出 笑喜而解顏啓齒也 咲仝上 俏｜措好 啾优｜不仁 嘯吹聲也蹙口而出聲 歗仝上 鞘刀室 劋割也 愀色變也 [illegible]艷也

●喜 ○

嬌上入聲 勪字韻

●柳 ○　●邊 ○

●求 勪起也　●去 呦｜｜之聲

●地 ○　●頗 ○

●他 ○　●曾 哳鳥聲

●入 ○　●時 ○

●英 ○　●門 ○

●語○ ●出踥||蹀箑似柏而小

●喜○

嬌下平聲 喬字韻

●柳僚明也官也佬僗|大也嘹鳴也|亮清澈之聲寮小牕也今俗作田|憭理也挑弄燎庭|火灼遼遠也鷯鳥名寥空虛也寂寞也

聊旦也賴也又語助也蹘走也膋腸間脂嶚險也高也寥仝上嵺|岓虛見𧾸足長行也繚|躧屪男子陽物獠田犬夜獵

蟟|蟬|蝭嫽巧言不明憀悲恨 ●邊○

●求僑旅寓而居喬高也又姓嶠山銳而高橋木梁鷮雉名翹鳥尾也企也居也又|首荍錦葵也又|麥 ●去○

●地條小技也又|教|貫|目|件肇革轡鰷魚名苕花名岧山嶢山高笤|帚潮海潮地之喘息隨日消長蜩五月鳴|調蟬也

迢遠也佻獨行髫小兒垂髮朝|廷又觀君之揔名聽治之所齠小兒毀齒椆木名

●頗嫖宿娼所也瓢瓠也蠡也薸萍也𤬪仝上

●他鮡魚名𤵸面上生| ●曾樵取薪|夫瞧偷視顦|顇憔忧患|悴譙城上樓鷦鳥名劁刈蔓

●入橈擢之短着嬈嬌|妍嫣澆沃也薄也蟯腹中短蟲鱙魚名饒豐也餘也富也足也又姓也皺面|縐物|

●時 韶紹也舞樂 佋｜穆父為｜南面子為穆北面 精骨髓所結

●英 姚姓也 佻緩也 徭使也役也 搖撼也动也 謠徒歌曰｜ 遙遠也 瑤美玉 颻飄｜上行風又風動物也 僥一南之名焦西蠻別

㑾喜也亦作猺字 傜使也役也又養衣也 窯 陶燒瓦 䍃瓶也又藏内器 嶢｜｜高也又嶕｜ 窰燒灶瓦｜

●門 描｜畫 貓捕鼠者 猫仝上 苗禾｜也凡草始生亦曰｜夏獵曰｜又姓 貓獸名

●語 堯陶君氏號 尭俗字 僥焦｜氏三尺短之至 嶢高皃 蕘薪也又采薪也

●出 𢓜行開也 撨择取拭也

●喜 𡝩妖也不貞正也曰｜

嬌下上聲 皎字韻全韻與上上同

嬌下去聲 轎字韻

●柳 料度也計也量也數也又｜理又物｜ 廖姓也 療病也 燎炤也縱火也火爔也 炓火光

●邊 ○ ●求 轎肩輿之車 擡舉也

●去 ○

地 召呼也 兆事先見也十萬曰丨 銚燒也 旐北方旗畫龜蛇 鼂姓也仝上 晁 肇始也正也 肁仝上又戟屬之類也 駣馬三歲也

頗 〇

他 柱石丨楹丨　　曾 噍齧也無丨類言活而食丨也 醮冠娶祭名酌而無酧酌也今作祈福祭名

入 溺小便 尿仝上　　時 邵勉也又姓 佋行介 紹繼續也 劭勸勉也自強也

英 曜日光又七丨日月五星 燿光照炫丨 耀仝上 鷂鷙鳥 矅眷也

門 妙神化不測謂之丨又微丨精丨又好也少年也 玅精微 廟祀神丨堂 庙俗字

語 剿削也　　出 〇

喜 〇

嬌下入聲 嘋字韻

柳 撟人疲倦舒展屈折也　　邊 〇

求 嘋应不和也戾也　　去 〇

地 〇　　頗 〇

●他〇 ●曾〇

●入〇 ●時〇

●英〇 ●門〇

●語〇 ●出 踙近也

●喜〇

13 稽上平聲

稽字韻

●柳〇 ●邊 篾竹| 鎞|鎜

●求 稽晉也考也 稽上仝 嵇姓也 鷄知時畜 雞上仝 鸂鸂|水鳥 街大路 乩古字附| 笄簪也女子十五而笄 階砱|

●去 溪 嵠 磎 谿水注川曰溪也 ●地 低卑也附也 仾俗氐 羝北羊 隄防也岸也 堤滞也塞也

●頗 批|信|押 破剖肉開肉 紕|繆舛戾 ●他 梯木階 釵金| 胎孕子 推|托

●曾 儕等也類也 隮升也騰也 擠排也推也陷也 穧求也 躋升也 齎持遺人述也 薺甘菜 劑分也藥| 賫遺也送也

齏贈鮓切細也又碎也 嚌衆聲也 臍身中肚皮 躋升登之貌 鄒姓也

• 入 ○ • 時 西 東西 恓 |惶 栖 宿也 犀 獸名 樨 桂曰水| 棲 息也床也 棲 居也 嘶 馬聲 梳 |髮 萋 草盛

筬 弦|织具 疏 不親也 疎 稀也不密

• 英 挨 |延 • 門 ○

• 語 ○ • 出 妻 婦也 萋 草盛 悽 悲也 初 始也 凄 雲起起又寒風也 凄 仝上

• 喜 ⿰目奚 動目 醯 |醋也

稽 上上聲 改字韻

• 柳 禮 理也體也 礼 古字 豊 古禮|器 澧 水名 醴 甘也 ⿰豊攴 掘也 ⿰糸豊 纚也 蠡 蚌屬又蟲齧水中也

• 邊 ○ • 求 改 |變 解 |開

• 去 啟 發也開也教也 傢 開衣領也 綮 信也戟支也又齒之骨肉結處 • 地 ⿱止⿶凵亘 盛物于器 底 器臀 抵 |塞 短 不長也

• 頗 ⿰面比 面皃 睥 |睨 • 他 體 身| 体 俗体字

• 曾 濟 水名又|盛皃又多威儀也 姐 古姊今為稱呼之詞 這 音彥也俗以為|箇

• 入 ○ • 時 所 指物之辭 洗 濯也 黍 穀名

● 英 矮 不高

● 門 買 以錢｜物

● 語 鬩 至也鬭也造也訟也 盻 眼視 睨 睥｜眾視 詣 至也 倪 與睨同又伸不正視見

● 出 批 捽也 紕 帛文線名 眦 睚｜举目相忤 泚 汗出皃又水清也

● 喜 畦 目深恶也

稽上去聲 計字韻

● 柳 ○

● 邊 蔽 遮也掩也

● 求 計 算也籌策 繼 續也 檵 枸杞也 髻 女冠 疥 小瘡

● 去 契 合约券也 噢 瓜子

● 地 帝 君也 偙 ｜鑄也 僀 俊也 諦 審也 蒂 根｜ 蝃 虹｜ 蝭 寒蟬 締 固结不改 褅 被也 瑅 玉石 禘 祭名

滞 水滴 揥 擿也 戴 姓也

● 頗 朩 分皮也 紕 紵｜麻｜

● 他 啻 不｜言不止如是也 替 代也廢也衰也 涕 淚也 剃 削髮 髢 髲｜ 退 ｜後｜開

● 曾 祭 ｜祀 穄 粟名 際 邊也會也 瘵 勞病 霽 雨止 濟 度也通也事遂也賙求也 澨 古濟字 嚌 語詞 漈 水名 縩 績｜｜布

●入○ ●時 婿女之夫也 壻仝上 些此也語詞 細小也微也密也

●英○ ●門○

●語○ ●出 妻以女嫁人 糲米屑 刷鼎| 脆物易斷也

●喜○

稽上入聲全韻空音

稽下平聲 鮭字韻

●柳 黎眾也又姓 藜可作杖者 瓈玻|寶玉 犂耕具 蔾|蒺 黧黑色 螺水類 ●邊○

●求 鮭魚蝦之鮓 ●去○

●地 題品|書| 蹄足也 偍難進曰| ●頗○

●他 堤玉名 禔福也 鶗|鴂鳥 鵜|鶘鳥名 啼號也泣也鳴也 提|挈又拘也又孩|

●曾 蠐蟲名 臍肚| 亝古字 齊整也等頁又姓 ●入○

●時○ ●英 鞋履也 讗言壯也

●門 迷惑也亂也遮也 ●語 倪端｜旄｜又姓 猊狻｜獅屬 霓虹也 麑鹿子 輗轅端横木 㑆｜俾佯裝不知

●出 蹓不能行

●喜 傒东北夷名 徯望也徑也 蹊徑路 攜提攜 携俗字 畦田五十畝曰｜ 奚何也又奴婢也 兮歌詞

稽下上聲 改字韻 全韻與上下同

稽下去聲 易字韻

●柳 麗著也附也美也數也 丽仝上 荔｜枝果名 儷伉｜偶也 儮仝上 厲嚴正猛也虐也勉也 隸附著也僕也又｜書 厉俗厲字 㑦怒也狼也

禲鬼災 礪砥石又磨 戾乖也違也罪也至也 癘疾疫 糲粗穀 灑水｜名 勵勉力 鱱魚名 篱飯｜ 䕻草木 荔仝荔字

●邊〇 ●求 易不難

●去〇 ●地 地天之對也 遞更迭也傳｜也 逓仝上 第次｜又宅也但也 苐草名 悌愷｜ 娣｜似妯娌 禘王者大祭曰｜

杕木獨生 埭壅水為堰也 棣木名 髢益髮 弟兄｜ 代八代父子相傳也 袋貯物布｜ 紵可續以為布也

●頗 稗草似稻而寔小也 ●他〇

●曾 嚌嘗也飲至齒也 多不少 坐椅上｜也 ●入〇

•時〇 •英 能 |理事 會 |曉得

•門 袂 衣袖 賣 出貨

•語 乂 芰草頁 蓺 種也 藝 才能技| 羿 古射者之師 •出〇

•喜 系 緒也聯續也又譜| 繫 世|又繼也結也 係 仝上 禊 祓|除惡祭名 蟹 毛| 毅 剛強

稽下入聲全韻空音

14 恭上平聲 恭字韻

•柳〇 •邊 ⿰食業 |纔貪食

•求 恭 敬也肅也 共 仝上 龔 姓也 弓 射具 供 設也給也具也養也奉也進也 躳 古躬字 宮 |室 ⿰虫宮 守|蟲名

躬 身體親也屈身也 ⿰月宮 婦人目| ⿱共心 仝恭

•去 芎 藥名 蛩 獸名 穹 |蒼天也高 跫 人行聲 銎 釜空受柄 蜣 蛣|啖糞轉丸蟲 鞏 以皮束物 ⿰山穹 |窮天形 ⿰忄弓 憂也

•地 中 宜也內也平也半也 忠 敬也直也厚也內盡其心而不欺也 •頗〇

•他 衷 正也裡也善也誠也又折| 伀 征|懼也

●曾 鍾當也聚也酒器量名又姓 鐘樂器 舂檮米 摏鑄也 惷愚也 螽蟲名|斯 終窮也極也竟也又卒也 刣刮削物也

●入○ ●時 嵩中嶽高也 倯隴右人名懶曰|

●英 邕和也 嗈鳥聲 噰仝上 癰瘡病 雝鳥聲和也澤也 灉河水決出而又入者 壅玉器 饔孰食又朝食也 雍和也又辟|之學也 廱辟|天子之學

●門○ ●語○

●出 充長也美也滿也塞也 ⿱亠兄俗充字 ⿰忄充心動 珫玉珥 沖搖動也上飛也深也成也 冲仝上又幼少也 種稚也 傭均也

偅與偅同 從|容舒緩 衝當也向也突也通道也 蓯|蓉藥名 忡憂也

●喜 凶不吉 兇酗暴 匈|奴夷名 胷心| 胸仝上 恟惶也 訩訟也眾言 洶水勢又水湧聲

恭上上聲 拱字韻

●柳 壟兵|冢也又田埒也田中之高處 ●邊○

●求 拱叉手也又兩手合持 栱大越也又料也 珙璧也 共向也 鞏固也以皮束物 ●去 恐懼也疑也慮也憶度

●地○ ●頗○

●他 冢大也墳也山頂 塚平口墓封曰|高曰墳 㟈山名|山 寵恩也愛也尊榮榮也

•曾 種種物又｜｜髮短皃又種｜物也 踵足跟也斷也繼也躡 腫脹也 瘇足腫

•入 傇眾也 宂敬也雜也剩也忙也 冗俗上 茸猥賤也

•時 從疾也 嵸山峯 慫懼也佈也 竦｜動也又敬也上也 聳｜翠古文句

•英 俑從塟木偶人也 甬斛也｜道 踴跳也又別足者之履 涌泉上溢也 湧仝上 筩箭室 衕官府中路曰｜道 勇健也猛也果收決也又知死不治也

•門〇　　•語〇

•出〇　　•喜 ⿰口𡿺眾言也

恭上去聲 供字韻

•柳 踜足踼也　　•邊〇

•求 供設也給也進也　　•去 ⿰亻曲小兒｜曰寒也屈也 晇日幹物

•地 中射矢｜的當也要也又｜風｜暑　　•頗〇

•他 暢快也　　•曾 眾多也不寡 㐺本字 偅儱｜不遇 種蓺也布也植也

•入〇　　•時〇

●英 壅｜也培也 擁挟抱也郡從也衛也 甕｜菜 ●門○

●語○ ●出 縱緩也舍也忽也雖也肆也放也 從仝上 銃大炮 [illegible]不請自來曰｜食 儱斜｜

●喜 趨行也

恭上入聲 菊字韻

●柳 忸｜怩惭也 腛屈也 襵｜摺 ●邊○

●求 菊秋花 掬撮也 匊兩手奉物屈掌曰｜ 踘蹴｜今皮球也 椲｜車以鐵推車半寸施履下也 ⿰田匊韭畦 椈柏也 鞠养也遇也曲也榮也

鞫審問犯人｜訊 臼斂手也 暴器牽食也

●去 曲不直也又委｜歌曲又鄉裡曰鄉｜懷抱曰心｜ 麴酒媒 麯仝上 粬俗字

●地 竹｜類六十有二 竺天｜西藏國名 筑樂器 築擣也 劚研也钁也鋤屬 ●頗○

●他 斥罵也 畜｜生罵語 ●曾 足滿也無欠也脚也 屬連也著也托也會也 柷｜梧樂器 祀主人享神之詞又大也始也 囑托也付也

燭蠟矩也又焰也 粥糜｜又柔弱也 喌呼雞童言之聲 瘃手足凍瘡 [illegible]口｜ 囑 濁 祝此行不錯烏板低字 ⿰糸屬｜帶 叔｜伯

●入 摖手物以理 趜趕也 ●時 叔季父 ⿰亻西古文風字 倲獨｜頭動 俶善也始也厚也作也 ⿰亻囱古文風字

倏 丨忽犬走疾也 倐 仝上 菽 眾豆揔名 蓿 首丨草名 淑 善也和也清湛也 踧 丨踖而恭謹不自安也 㝛 古宿 蹜 迫也 𦒍 鳥飛

縮 修也退也短也直也 宿 止也素也大也守也又安息也 鷫 神鳥 嗽 吸也曉也 遬 疾也 肅 恭也進也欽也 夙 早丨 驌 良馬 粟 古代泛稱穀類

·英 益 多物之貌 ·門 ○

·語 ○

·出 浞 寒丨古人 促 近也密也短也蹙也迫也催也 齪 門孔具也又齷丨急切局陿皃 莘 叢生草也 傶 憂也 傗 佩丨不俾 亍 少步也左步為彳右步子合行為

矗 巍峨高聳皃 蹴 仝驚 𠐊 古人名 蹵 蹴踼也 捉 捕也搦也 觸 觝也突也犯也汙也 顣 仝蹙丨頞鼻長促皃 數 密也

矚 很臆中膏 蹙 迫也急也促也近也 閦 眾也 踀 謹貌 䛤 言急 哫 以口求媚 頋 屬 具古人名 齱 齒相迎也 尺 寸尺

·喜 畜 養也 蓄 聚也 慉 養也 奧 水之內也 旭 日旦出皃 勖 勉也 馥 香氣 郁 文盛 彧 文章 頊 敬謹

𨗹 行皃 薁 果名 頊 高陽氏號 燠 熱在中也

恭下平聲 窮字韻

·柳 隆 盛也豐也高也大也 龍 鱗蟲之長也通也和也 癃 罷皃 窿 穹丨天勢 鼕 鼓音 襱 袴也 朧 月出朧丨又不明皃 櫳 養獸檻 𧙕 仝上

礱 磨穀也 蘢 草名 ·邊 ○

●求 窮極也究也貧也 倸丨倯可憎之皃又罟也 窮俗窮 藭藥名 粱精米 窮 竆羿所封之地國名也 ●去〇

●地 重複也疊也 ●頗〇

●他 蟲裸毛羽鱗介之揔 𤏣臭氣薰人 虫音毀俗作蟲字非也 ●曾 從就也順也 从古從字

●入 娀姓也 仍因也就也重也 㑅一人身有三角 戎兵也汝也又西夷名 絨練熟絲又細布也 礽福也 茸草生也聚也亂皃 陾築牆聲又眾也 㭜木名

氄鳥獸細毛 [illegible]厚也 狨獸名

●時 松木名 淞水名 菘藥名甘丨 崧山高而大 倯懶曰丨 嫦丨娥

●英 庸用也常也豈也功也重也 傛姿態輕盈美好 傭雇役于人 墉城也垣也 慵懶也 鏞大鏞 容儀丨又盛也受也包函也 蓉芙丨花名 溶水流動皃

榕木名 瑢佩玉行声 鄘國名 鎔銷也又鑄器模範也 融和也名也之盛也 㝐古文容字 ●門〇

●語 邛勞也病也又山名出竹杖 笻竹名为杖 顒顯大也仰也又丨丨君德又溫

●出〇 ●喜 雄羽屬之父又武偺也

恭下上聲 拱字韻全韻與上上同

恭下去聲 共字韻

●柳〇　●邊〇

●求共同也皆也公也眾也　●去〇

●地仲伯也又姓重難也遲也多也不輕又輜｜尊｜厚｜　●頗〇

●他〇　●曾從隨行也又｜兄弟

●入氄毳飾　●時訟爭也辯也訴也誦｜讀頌歌也稱也述也

●英用通也使也貨也以也庸也器也　●門〇

●語岬山名峅山也　●出穿｜衣裳也

●喜〇

恭下入聲局字韻

●柳陸高平曰｜路也又姓蛙酒蛤僇辱也蓼草長大也菉豆｜｜蓐戮殺也辱也並刀錄來也記也息也收拾籙圖畫逯行謹也

六數也磟礴平田器穋後種先熟曰｜醁美酒綠青黃黑絲白色也　●邊〇

●求局曹也部分也促也匣也又棋｜跼促也曲也侷｜促短少　●去〇

●地 軸 轂也卷| 逐 追也從也走也斥也放也驅也 柚 杼|織具 蓫 羊蹄菜 篴 竹名 廸 進也 妯 兄弟之妻曰|娌 ●頗 〇

●他 〇 ●曾 〇

●入 辱 恥也僇也悪汙也 蓐 草復生又薦席簇也 溽 濕熱欲也 縟 細也 鄏 郟|地名 肉 肌肉 釰 刀傷 月 肌| 塓 濕熱 褥 |子

●時 孰 誰也何也 孰 仝上 俗 風俗鄉||化日風下習曰| 燭 |倲動頭兒 塾 門側之堂 續 紬也連也 贖 買也貸也用價|回納金免罪

熟 生之及也穩也稔也 屬 類也隸附也親眷也官僚部曲 属 俗屌字| 蜀 地名西蜀 焇 |火

●英 育 養也 毓 仝上 儥 賣也 浴 洗身 鵒 鴝|鳥名 欲 情也貪也愛也願也將也謠也 慾 淫也嗜也 喅 音聲 煜 耀也大光

鬻 賣也養也教也 儥 仝上 昱 日光也明也明日也 ●門 〇

●語 玉 寶|物精之純 鈺 堅金 獄 訴訟案件 ●出 撼 拂着也

●喜 〇

15 高上平聲 高字韻

●柳 覼 |縷委曲又好視也 ●邊 褒 美也譽之 僠 與上仝 嶓 山名 𦨭 舟| 菠 |菱菜名

●求 高 上也崇也遠也又姓 戈 鈎子戟 歌 長詠 膏 脂也澤也 哥 兄| 哥 仝上 蒿 刺船竿 羔 小羊 糕 粉粢 臯 澤也岸也

皐進也 槹枯丨汲水 過經也 櫜弓衣 翱丨翔 鼛役甲車鼓

●去 柯枝丨斧柄又姓 珂石次玉 軻車接軸 ⿱竹科竹名 窠鳥巢 科品也目也等也 蝌丨蚪蝦蟇子也 ⿰亻過美也

●地 多有也众也 刀兵器 忉憂也 侈姓也 舠小船 釖割也 魛魚名魚也

●頗 波浪也 坡坂也 玻瓈西国王 頗偏丨不正 皤白也

●他 縚編絲繩也 韜劍衣藏也 拖曳也 絛編絲繩 叨話多 慆悅也慢也 弢弓衣 滔漫也又水大也 佗彼也谁也又姓 幍古之禮服

●曾 侳亦安 傮終也 遭逢也遇也 糟酒滓 ⿰曹少物末精細

●入○ ●時 搔手爬 些挽歌聲 ⿰亻蚤天也驕也 傞舞个不停 沙細碎石粒 騷秋也離也丨人丨擾 慅動也勞也 唆丨使

梭織具 鮻魚名 娑婆丨舞者之容 莎澤手也又草名 抄摩切 臊腥丨狐丨 趖走意 ⿰米夋丨存粿 簑雨衣也 ⿰阝蚤手把丨

颾風聲 ⿰女蚤女子 ⿰月蚤月色 溞淅米聲

●英 窩藏也 鍋溫器 蝸丨牛蟲名 ⿰鬲斗土釜 ⿰鬲斗仝上 阿人陵也曲阜也又謳應聲 屙上廁 痾病也 萵菜名 倭奴夷國名 蒿草名

猗柔順也又竹美盛也 呵哄之 訶怒心 渦水回也 碢瓦器 苛小草也政令繁細也慮也 ⿸广盡盡死殺人曰丨 ●門○

●語○ ●出 瑳玉色潔白 磋磨治也 嵯丨峩 蹉丨跎失時 操丨持 臊臭腥 鯹魚臭

• 喜
饕 食也
⿰口靴 吐氣也
薅 拔去田草
蒿 草之高老
訶 大言而怒
呵 噓氣也又｜｜笑之聲也

高上上聲 果字韻

• 柳
老 高年
⿰亻𡿺 姓也
⿱竹老 ⿱竹老｜竹器
栳 栲｜柳器
惱 煩｜
瑙 瑪｜
腦 項｜
蠃 蛛｜
嫐 嬈｜
蓏 在木曰果在地曰｜
潦 行｜道上流水

• 邊
保 安全之也又養也又守也
⿰亻⿱口禾 仝上
褓 裼也
葆 草盛
堡 障也
寶 珍也
寳 重也貴也仝上
鴇 鳥名
賲 有也
寚 仝寶字

• 求
果 木實又決信也驗也
倮 薤｜狹隘
菓 木寔之上
粿 米食
裸 赤體
蜾 ｜蠃細腰蟲也
稿 禾稈又文章曰｜
躶 仝裸
餜 餅也
裹 包也纏也

杲 日出
鎬 刨土之器
⿱⿰皀斤日 ｜哆脣無也
稾 木枯
槁 仝槁
皜 白也
縞 白也鮮色
藁 幹陳之物

• 去
可 ｜否又肯也詳也
坷 坎｜
舸 大船
丂 氣欲舒出
哿 可也嘉也
⿱竹考 ｜笔竹本為器
考 壽｜稽｜又｜較也父母沒曰｜妣
栲 水乾
拷 打也

洘 水名
攷 成也又稽也

• 地
倒 撲也又潦｜顛｜
禱 祈｜
島 海中山中
擣 推也手舂
搗 仝上
朶 樹木垂也又花｜
幬 覆也又草帳也
躱 避也
剁 研也
埵 堅土又果實下垂見

• 頗
叵 不可
尀 ｜耐
跛 足偏廢也
頗 署可之詞

• 他
妥 安也帖也
討 治也辱也求也探也

• 曾
左 右之對也
𠂇 左手又戾
早
蚤 晨也先也
⿱叉蚰 齧人跳蟲
澡 洗滌
藻 水草又文詞也
棗 果名

●入○ ●時琑(玉屑細也)銷(鑰|)鏁(仝上)鎻(俗鎖字)瑣(門鏤)嫂(兄妻)⿱竹後(竹名)

●英襖(裘屬)婀(|娜)娿(|娜弱態)婐(女侍)捰(摘也休閑) ●門拇(大手指也)胟(仝上)踇(大足指也)嬷(俗呼母為||)母(父|)

●語厄(木節)⿰女厄(婐|女侍態也) ●出草(卉名||稿書苟曰|百総又創||又簡|)艸(草本字)懆(慍也)騲(北畜通稱)

●喜好(美也)傐(北方地名)

高上去聲 告字韻

●柳躼(長兄)亳(不下) ●邊報(答也告也覆也酧也謝也)報(仝上)播(種也布也棄也遷也)簸(湯米去糠)

●求告(啟也命也示也)箇(數也枚也)個(仝上又偏)个(仝箇)過(越也信也失誤也)

●去課(稅也計也程也)顆(小頭)靠(倚也)捁(餉軍)⿰火品(乾燥)渏(沙著舟不能行)騍(俗呼牝馬即草馬)誥(告也)渏(沙著舟不能行)騍(俗呼牝馬即草馬)誥(告也)

●地到(至也) ●頗破(剖也裂也)

●他套(长也帖衣)唾(口液也) ●曾做(作也)佐(辅也貳也取也)侳(有也安也)竈(駕車炊者)灶(仝上)

●入○ ●時燥(乾也)躁(急進疾也不安靜也)掃(除穢棄也)埽(掃本字)⿰貝肖(骨膏)

●英澳(深也)奧(室西南隅深也藏也)侉(痛呼也)隩(地近水涯)懊(悔恨也|惱也)呵(愛惡聲)欸(|乃掉船相應聲也) ●門○

●語○ ●出操節｜又作曲曰｜ 挫摧也折也 銼仝上 脞小也 莝斬草 脞叢｜猶細碎也 造至也詣也進也 剉刷研

慥言行跌頭 糙米穀雜也 噪鳥鳴声也 蹉跌也又過也

●喜○

高上入聲 閣字韻

●柳○ ●邊○

●求閣水｜ 各｜樣 胳｜空下 袼腋下也 復重也再也 ●去○

●地卓姓也 桌椅｜ ●頗朴｜蔗 粕糟｜

●他拓｜門 ●曾作細｜忤｜又作墻

●入○ ●時嗽阬也 索繩也

●英難不易也 ●門○

●語○ ●出磕入也

●喜熇熱幹也

高下平聲 翏字韻

●柳 勞 功也勤也瘁也又姓也 僗 與勞仝 橯 沉取曰丨 ⿰勞力 丨麨 籮 竹器 澇 水名又深雨也 羅 鳥名又丨綺也又姓 侔 丨文也 蘿 丨蔔藤丨 ⿰氵羅 水名

囉 歌助聲 牢 獄也圄也堅也 嫪 戀惜也又丨毒 鑼 銅丨 驘 驢父馬母 騾 仝上 螺 蚌屬 醪 ⿰酉勞 酒也 猱 猴屬 ⿰言勞 聲也

罹 心憂也網也 哪 丨吒

●邊 婆 老嫗之娑稱曰丨

●求 翏 飛也

●去 ○

●地 陶 化也喜也瓦器又姓 他 人名 匋 燒土為器 淘 淅米 綯 絞也 佗 員何而行又委丨美 逃 逸也去也避也亡也 萄 蒲丨 檮 剛木 濤 大波

迺 仝逃古字 馱 載負也常丨 拕 吵也又水丨也 迯 俗逃字 鼗 有柄搖鼓 沱 滂丨大雨 駝 馲丨 跎 蹉丨不遂意也

陀 波丨不平皃又普山又弥丨佛 酡 酒客 鮀 魚名

●頗 ○

●他 桃 果名

●曾 曹 局也董也又姓 漕 邑名 槽 馬丨 螬 蠐丨蟲名 艚 船名 嘈 哪丨又胡言也 ⿱⺮差 筥屬也又籠屬也

瘥 病也 麨 物末精清 ⿸疒曹 病也

●入 ○

●時 ○

●英 蠔 蚌屬

●門 無 有沒

●語 峨蹉丨山高人也 俄丨頃須臾 訛謬也化也 吪仝上 偽又仝上 蛾蠶所化者又飛蟲也 鼇海蛤又蟹大足 哦吟也 娥好也 珴奉圭璋兒

莪美菜 誐嘉言也又吟也 鼉水蟲皮可員鼓 敖遊也 嗷眾口愁也 厫倉也 遨丨遊 囂嘆聲愁聲又市曰丨 鼇海中大鱉曰大丨 鰲魚名

驁駿馬 譌謬也 鵝丨鴨 熬 熬乾煎

●出〇

●喜 何胡也那也問也又姓也 荷蓮花名 河流水通名 訶怒也 壕城下池 豪俠也爽也傑也 毫長毛又十系為丨丨 ⿰山豪山名 濠水名 蠔蚌屬

禾嘉穀 和順也溫也不堅執也 嗥獸名 龢仝和字 號大呼也又哭也

高下上聲 果字韻全韻與上上同

高下去聲 膏字韻

●柳 澇淹也 僗伴也 撈沉取 憦懊也悔也 勞慰勞效其勤以答之 嫪各也无行也 ⿰耳翏耳鳴 攍繫物之名 哪語助詞 栳五斗曰丨

邏巡也遊也循也 ●邊 暴猛也驟也橫也走搏也 虣仝上

●求 膏以脂膏潤物曰丨 ●去〇

●地 道理也言也由也路也 衜古文道字 稻穀也 蹈踐也 ⿰火它餘燭 導啟迪也又引也 惰怠也又不恭也 悼伤也哀也 盗賊也 舵正船木

●頗 抱挾也懷也　●他○

●曾 坐丨與行對又丨罪 座位也 皁隸丨黑色 皂仝上 鏊喧也 傲山水通輪曰丨 造作也始也又丨化也

●入○　●時 唆丨使

●英 嗬應聲　●門 帽長巾 磨礲也 月小兒又蠻夷頭衣也

●語 餓飢也 奡慢也 臥寢也偃也寢室曰丨 卧俗作卧字 鏊餅丨 傲慢也踞也樂也　●出○

●喜 賀慶也又姓 荷擔也負也 灝夷曠也水勢遠也 顥大也白首 皓仝上 號令也召也稱也謚也 皡白皃 和應聲 昊春為丨天又廣大也

禍災也害也 [囗力]進船聲 浩大水皃又廣大也 諢相欺 讀應語 調譈丨怒聲 嗬慢應聲 何儋也負也 [亻和]和也 号數令

高下入聲 ○ 字韻

●柳 剆割開也剝也去枝節 落上丨下也 絡丝丨氄丨　●邊 薄不厚也

●求○　●去○

●地 擇揀丨 擿抽也　●頗 泊船附岸也

●他 鰽魚名泥丨　●曾 擲投石 射丨箭

•入〇 •時釧手丨錬今作釧字

•英學習也又教人處 •門莫禁止詞

•語〇 •出〇

•喜鶴鳥名

卷三終

彙集雅俗通十五音

卷四字母

皆巾姜甘瓜

16皆上平聲 皆字韻

•柳〇

•邊〇

•求〇 皆俱也 偕强力也 侅奇丨非常 喈鳥声和也 堦砌也 湝水流兒 該备也兼也 階級也登堂道也砌也梯也

•去 開闢也解也啟也又條陳也 揩摩也

•地 懛丨恺失志 秖穀名 ⿰魚氏魚名魴丨

•頗 嶏山崩

•他 台三台星名又台鼎三公之稱 苔水衣垣衣 胎孕物未生 駘駑丨下乘 鮐魚名 擡丨舉 郘國名 篩米丨

•曾 栽種也 哉語詞歎詞疑詞 災 灾禍丨 菑丨害 齋潔也恭也燕居室也 亝古字 賊偵也財也 知曉所事也

•入〇

•時 顋頷下 腮仝上 鰓魚額中骨 䰄多鬚 篩名丨竹米 籭下物竹器 犀丨牛 獅獸名 西東丨

•英 哀悲也憫也 埃細塵 挨推也擊也 欸歎声 唲丨嘔兒言 唉歎恨發声之詞

•門 ⿺毛非⿺毛皮丨女陰物也

•語〇

•出 猜測也疑也 釵婦人岐笄 唻語詞俗也 偲彊力又多才也

•喜 奓大也 ⿱殹口笑也

皆上上聲 改字韻

● 柳 唻 囉｜ 奈 小船梢木 嬾 ｜幑 ● 邊 擺 開也撥也持而振之

● 求 改 更也革也易也 解 散也脫也判也說也 觧 俗解字 澥 鴝｜豪强

● 去 愷 ｜悌樂也易也 豈 仝上 塏 爽也 覬 ｜覦 凱 善也又軍勝之樂事 楷 模也式也法也｜書

● 地 歹 不好 ● 頗 搫 分開也

● 他 嚎 ｜唸言不正也 ● 曾 宰 主也烹也屠也官也 寀 烹｜ 滓 濁也 儓 豪強 崽 江右谓子曰｜

● 入 〇 ● 時 幑 嬾｜破衣 使 ｜用 屎 糞也

● 英 喝 傷著 餲 食敗 靄 雲集 藹 ｜｜猶濟濟也 靉 ｜靆雲暗 毐 士之無行者曰嫪｜ 矮 短也不長 𨱍 短也 欸 相應聲又然也

● 門 䰐 ｜鬼 炑 火色不亮

● 語 豼 ｜猳豕也 騃 癡也無知 ● 出 綵 繪｜ 採 取也 睬 瞅｜ 寀 寮｜相宮 采 摘也取也光也 彩 文色也精光也

● 喜 駭 警也 醢 肉醬 海 天地以納百川也 唉 歎恨發声之声

皆上去聲 介字韻

● 柳 〇 ● 邊 拜 下首也 𢁩 古字 庍 到別也

● 求 介 大也助也甲也細也耿也 丐 乞也取也與也 价 善也大也又紹丨也 僟 仝上 假 假主也 玠 大圭 界 限也境也 尬 字本从亢俗作九非

芥 辛菜草丨纖丨丨蒂 疥 丨瘡 尬 尷丨不正 誡 告也命也 庎 獨也 解 發也開上也又公舍 蓋 稧也又語詞也 屆 至也 屆 仝上

匃 乞也 葢 仝蓋 繲 故衣也又浣衣也 犗 犍牛也又畜健強者皆曰丨又宮刑或雲丨刑 ⿰言界 言警 盖 仝蓋 戒 警也備也救也齊戒

廨 官舍 槩 斗丨

● 去 嘅 嘆聲 溉 灌也 槩 平鬥斛也節丨大丨 概 仝上 慨 慷丨壯士不得志也又竭誠也 塈 泥塗屋也 曁 及也 愾 太息也又至也

叡 深堅意也 欬 逆也 咳 丨嗽 槪 揩 摩也

● 地 帶 紳也又衣結束也 戴 佩也又項荷也姓也 襶 褦丨不曉事也 蔕 根丨

● 頗 𠂢 水之衰流別也 派 水分流支丨科也 霈 雨皃又水流也 肺 茂皃 沛 伂 顛丨僕也 湃 滂丨水流之聲 ⿰氵𠂢 俗派

● 他 太 古字又丨極也 泰 通也寬也大也安也侈也甚也 大 仝上 汰 沙丨淘丨 態 意也情也娇丨体丨 ⿰亻能 仝態

● 曾 載 承也事也始也則也年也 再 又也重也 債 負也 ● 入〇

● 時 塞 隔也邊界 賽 報也 曬 暴也日乾物也 曬 仝上 殺 降也減也 婿 女之夫也曰丨 使 人名

● 英 愛 慕也憐也息也寵也吝也 僾 仿佛皃 𢙴 仝上 曖 隱也 隘 陋也陜也险也塞也 縊 丨也自經死也 賹 寄人物也 伌 困也

•門○ •語○

•出蔡大龜也法也又姓也蠆蟲名其毒在后埰卿大夫食｜地菜蔬也瘥病瘉也

•喜欲急氣皃又曰氣息

皆上入聲全韻俱空音

皆下平聲○字韻

•柳來至也還也及也招也倈同徠徠古來字崍山名唻囉｜歌聲棃梨果名睞田｜耕外舊場騋馬七尺者

萊草名庲舍也郲邑名

•邊排推也擠也斥也列也徘｜徊俳｜優雜戲棑筏也眉也簰火桴牌篁｜籍也又｜榜

•求○ •去○

•地臺硯四方高曰｜也籉笠也蛤蟲名儓陪｜臣也又曰庸｜賤之強也檯木名演｜之戲埋｜物在上底也 •頗○

•他殺以刀宰也 •曾才｜能材木堪用又仝才也財人所寶也貨｜裁前也制也度也臍肚｜

•入○ •時○

●英〇 ●門 埋 瘞也藏也 霾 而丨風雨 眚 日丨 楣 門丨

●語 涯 水際 厓 崖 山邊 捱 延丨文拒 痽 癡鬼 獃 癡丨 呆 仝上 嘊 大鬪 啀 狗欲齧之皃又嗜丨笑鬼 睚 丨眥忤目相視

●出 柴 薪也又姓 祡 燒丨燎以祭天 纔 暫也始也近也 才 仝上 豺 丨屬

●喜 孩 幼稚 諧 和也合也偶也 骸 骨也 鞋 草履 鞵 鞋本字 鮭 魚名

皆下上聲 改字韻 全韻與上上同

皆下去聲 〇字韻

●柳 徠 勞丨又慰勉而招之 來 仝上 睞 盼丨旁視 賚 賜也予也 內 丨外 利 不鈍

●邊 敗 壞也毀也頹也 憊 疲極 粺 精米 敳 古敗字 稗 草似稻而寔細又小祱曰丨小官曰丨宮

●求〇 ●去〇

●地 大 不小 伏 地名在海中也 代 世也更也替也 岱 丨宗東嶽泰山 殆 危也近也將也 袋 囊也 靆 雲褁日為靉丨 貸 借也施也 黛 畫眉黑

瑇 丨瑁 玳 俗瑇 迨 逮 及也追也 怠 懶也懈也惰也慢也 ●頗〇

●他 待 送也遇也 駘 丨蕩廣大之意 ●曾 載 舟車運物 在 居也存也所也 廌 獬丨 豸 音底俗作廌字非也

●入○ ●時祀五|事服|姒兄弟之妻曰同|似面善熟|

●英噫飽食氣滿而有聲 ●門○

●語礙止也拒也妨也阻也限也碍仝上又墨|也 ●出祀|厎眛目神

●喜亥辰名手相遮要手害傷也妬也妨也忌也禍也不利也解散也邂|逅不期而遇獬|廌懈懶也追也械桎梏也又杻|機|器|

萑蕈菜土名蕗蕎譮怒氣滿面|聲蟹螃|

皆下入聲全韻俱空音

17巾上平聲 巾字韻

●柳鼜|鼜小鼓 ●邊賓客也濱水際獱小獺鑌好鉄檳|榔邠州名豳國名彬文質俻兒份古同彬

●求巾頭巾手巾斤刀也又十六兩為一斤也均|平筠竹皮根|本跟|隨|把觔俗作巾皸足折冻裂筋|骨

●去欽少也輕不重 ●地珍|寶|重徵名也證也玎|璫聲也

●頻繽|分⿰公賓飛也 ●他○

●曾眞寔也不假瞋張目臻至也蓁草盛榛似栗而小溱水名烝炊也蒸|嘗㾲病骨|火

珍（丨珠）璡（石似玉也）甄（審查鑒別）津（水渡之處）升（米丨）

•入○ •時 身（丨體）申（伸也重也）呻（吟詠之聲）信（即古身字）

侰（神名又姓）侁（行貌）紳（大帶）莘（眾也）騂（赤色）新（丨鮮）薪（柴丨）娠（懷孕也）詵（和集）

甡（並行）勝（當也盡也）駪（馬眾多疾行皃）伸（舒也不屈也便直也）辛（艱苦辣也味）先（丨生）

•英 因（由也緣也）囙（仝上）姻 婣（婚也兩姓聯丨）茵（褥也）禋（精意以享）殷（眾也盛也）慇（丨勤）恩（澤也愛也又姓）

氤（丨氳元氣交密之狀）駰（馬陰白雜毛曰丨）闉（城門外之副城） •門○

•語○ •出 親（丨戚丨愛躬也）親（古親字）皴（皮細起也）

•喜 興（作也盛也起也旺也）

巾上上聲 謹字韻

•柳 僯（慙恥也）您（即爾）憐（門限） •邊 稟（供也受命也下白上曰丨）稟（古稟字）箄（合竹為之）臏（膝耑也又刖刑）

•求 謹（專也慎也）瑾（美玉）菫（鳥長草）⿰糹堇（織文丨密）緊（急也）巹 ⿱丞豆（瓢為酒器婚禮用之）蚓（土蟺曰蚯丨也）

•去 蟺（蚯蚓也）赾（跛行兒又行謹貌）淺（不深） •地○

●頗品(丨級丨類物又法也)　●他〇

●曾軫(車後橫木)眕(田間大道)疹(皮小細起)袗(單衣)紾(繩也捩也)診(視也候脈)鬒(黑發而稠)縝(結也)拯(上牽救也)儘(皆也)

賮(送行財幣)贐(俗作賮)賑(救也丨濟)胗(古疹字)⿰月尔(仝上)振(奮也作也妝也)㐱(稠髮也別作鬒非)

●入恁(丨麼)　●時矧(况也)⿸尸丞(大蛤)

●英隱(蔽也藏也徵也痛也)㥯(古隱)阭(俗作隱)⿰亻㥯(依人)引(導也延也)紖(進也官名)乚(匿也今作隱)⿸尸丞(牛鼻系)

殷(雷聲)靷(駕牛馬具)螾(蚯丨)蚓(仝上)

●門黽(蚌屬又執強也)敏(聰也丨捷)僶(丨勉)閔(姓也)憫(默愛恤也)湣(憂也憐也恤也)泯(沒也又滅也曰丨)湣(齊丨王)刡(丨削)

●語听(笑也又大口豸)磭(大脣)　●出吲(笑也)

●喜⿸疒希(創肉腫起)

巾上去聲　艮字韻

●柳〇　●邊儐(導也相也)擯(斥也)殯(殮丨)鬢(額旁毛也)⿱⺮⿸髟比(去髮垢者)⿱⺮⿸𠃊比(仝上)

●求艮(堅也正也)絹(緞名)　●去〇

• 地 鎮按也壓也戊也 • 頗 覲丨頸暫見

• 他 ○ 趂踐也逐也從也 趂仝上

• 曾 進升也行前 晉進也抑也 侲童子也 晋仝晉 ⿱亞晉古晉 瑨美玉 搢揮笏帶間 縉丨紳也 証諫也 證驗也質也 震動也懼也

• 入 ○ • 時 勝克也過也 訊問也告也 汛灑也汛地也 迅疾也 信寔也驗也不疑也 㐰古文信字 囟腦蓋 顖同囟

• 英 印圖記 㥯依人 應丨語 • 門 ○

• 語 ○ • 出 櫬梧也又俾棺謂之親身棺也 儭裹也 襯近身衣 瀙寒也 秤 稱丨物輕重

• 喜 釁鏬隙也爭端也罪也塗也 興意思也悅也又比丨

巾上入聲 吉字韻

• 柳 尼定也近也止也 窒塞也

• 邊 蹕止行人也足扁任也 ⿰亻畢仝上 畢終也盡也 滭氣寒 熚火聲 篳丨門也柴門也 嗶聲出 韠蔽膝 必定辭 珌佩刀飾

⿰王畢仝上 筆所以書者 笔仝上 ⿰畢支器破不離 觱丨葉胡人所吹以驚為者又丨發也 ⿰畢皮皮細起也

• 求 吉善也利也 丮持也 姞妃姓 桔梗名丨藥 蛣丨蜣 橘果名 佶正也壯健 • 去 乞求也與也取也

●地 得｜所　●頻 匹偶也配也又馬｜ 疋｜布

●他 勅天子書也 敇戒救 勑謹飭 遬張也 飭修｜整｜ 鳮雞｜水鳥

●曾 隲升也陰｜ 瘠瘦也 鰿魚名 鶺｜鴒鳥名 脊背｜ 塉薄土 侄癡也 厔癡也山曲 挃穫禾聲 桎足械

窒塞也 銍短鐮 郅至也 職主也品秩 摭拾取也 喹｜咄叱呵 織粗｜布帛總名 譲證｜言無盡也 質朴也形也證也

●入 ○　●時 式則也樣也敬也 拭｜刷措也潔也 息喘也止也歎也消｜子息利息 膍鼻中｜肉 媳｜婦 𥴊消｜除耳瘵者

失錯也過也亡也 識知也見也 悉盡也 蟋｜蟀 室房也

●英 一誠也均也數之始也 弌古一 壹仝一又合醇也 乙十干名 乚玄鳥 鳦燕也 憶思念也

●門 ○　●語 仡勇壯也 仡仝上 吃口不便言 汔水涸盡也 屹山貌 矻勞也 迄至也 紇音核 訖止也畢也盡也

●出 七數也 柒大七字

●喜 肸振也 肹仝上 盻視也 肐身振也 瞲驚視

巾下平聲○字韻

●柳 璘玉文 鄰比也近也 隣仝上 潾水清 燐鬼火 驎馬班 麐仁獸 麟麒｜ 轔車聲 鱗魚甲

憐愛也哀矜 嶙山崖深重 磷水清石見 粼仝上 粼仝上 燐鬼火兵死及牛馬之血為丨 僯丨居 綾綴也

●邊 貧無財 頻數也 嚬笑也 顰眉蹙 瀕水涯 蘋大萍 缾酒丨 瓶仝上 凭倚也 憑依也

馮 凴丨據 屏圍丨

●求○

●去 勤丨勞殷丨 懃慇丨委曲 芹菜名

●地 塵丨埃 藤萬也 陳列也故也舊穀也又姓又國名

●頗○

●他○

●曾 秦國名又姓 螓小蟬 澠水名 繩索也直也

●入 人丨為物之靈也 仁人心之德也愛也又果核中寔曰仁

●時 辰日也時也 丞佐也副也 臣事人丨服 宸帝居曰丨 晨早丨 鷐鳥名 神丨明丨魂 承下載上也奉也

●英 雲山川氣也 云古雲又曰 澐江水大波 沄水轉流也 芸香艸 紜紛丨亂也 耘除苗草也 寅辰名恭也 夤緣連 勻均也

昀墾田 㮳木文

●門 民無位之稱 氓民也 岷山名 瑉石之美也 玟仝上 痻病也

忞自勉強也 㾯仝瘖 緍絲緒也又錢貫也又釣綸也 緡仝上

●語 銀白金 琨石似玉 垠岸也界也 狺犬爭声 誾和悅而靜 听笑也 齗辨爭聲也 沂水丨淪囬旋也 嚚言不忠信曰丨

●出〇　●喜眩丨頭

巾下上聲謹字韻全韻與上上同

巾下去聲近字韻

●柳吝鄙丨悔丨差丨丨惜　悋慳也惜也　粦野火鬼火　磷薄石　遴謹選　僯丨伶頭向前也　𡳞男人陽物　藺莞丨又姓

●邊牝母畜　臏滕耑　嬪古代帝王的妻妾之一　⿰𧾷賓丨蹩足踢地聲也

●求僅纔也不過　墐塗也　瑾美玉　槿木名　饉菜不熟也　近固也不遠也迫也親也　覲朝也見也　靳吝也固也又姓　腱雞丨

●去〇　●地陣列行　陳仝上

●頗〇　●他⿰亻勻使之均也

●曾盡空也竭也悉也　贐送行財物　藎進也染草　尽俗盡字　●入認識物也

●時慎謹也審也　昚古慎　剩餘也　賸仝上　燼火餘　腎水臟藏精

●英肩子孫相承續也　媵送女子從嫁也　⿰亻⿱关女仝上　肩俗肩字　⿱羽月古文肩　孕懷丨　賸以物相送　●門面頭門面

●語憖問也恭謹也且也　●出〇

•喜〇

巾下入聲⿰米建字韻

•柳〇

•邊弼輔也正也助也弻仝上佛與上仝佖有威儀者邲地名襣犢｜裙短袴如牛鼻闢開也辟仝上愎戾也

擗拊心｜踊鼻引氣者

•求⿰米建厚粥

•去芨白｜藥名

•地直正也不曲囟仝上蟄蟲藏也姪兄弟之子

•頗〇

•他〇

•曾疾｜病又急也惡也㑵妎也｜曰毒也嫉｜妒蒺｜藜一數之始也

•入日太陽之精囸古日字衵常著衣又婦人裏衣馹驛傳遞馬

•時食吃｜肉｜欲蝕敗創也日月虧也寔寔也是也

實滿也誠也不處也湜水清見底植立也栽也殖生也襲重衣也困也又嗣爵曰｜翅翼也

•英佚安｜佾舞行列泆水蕩｜也軼仝逸過也遹自也遵也逸起也從也奔也隱也驈驪馬白跨曰｜鷸知天將雨之鳥

溢滿也鎰二十四兩為｜聿循也維也述也遂也

•門宓安也默也苾｜芻楚語蜜蜂｜謐靜語安也

密靜也秘也稠也沕塵濁也又潛藏也櫁香水蠠|沒猶黽勉也

•語〇 •出〇

•喜〇

18姜上平聲 姜字韻

•柳〇 •邊〇

•求姜姓也僵僨也朴也偃也傹仝上疆|界薑辛菜蜣|蜋一名蛣|韁馬紲橿鋤柄也又枋也一名萬年

羌西戎又發語詞猶乃也繮紲馬羗俗作羌 •去腔|調鏗||金聲

•地張誇|開|聲|又姓 •頗删斫也脝膨|腹脹也

•他〇 •曾章|采文|又姓嫜舅|夫之父母也傽與樟同人|惶恐懼皃彰著明漳水名將|然也又送也奉也

漿|水米汁相將璋半圭曰|又生男曰弄|樟木名獐鹿無角鱆魚名蟑小蟬麞麋肉⿰言長譸|誑也

•入〇 •時相共也廂廡廊傷|痛|害|損|悲商|量行傎曰|又姓湘水名緗淺黃色箱籠也湯水盛

殤未成年人而死也觴酒巵之搃名也襄贊也驤馬跳躍也鑲|嵌勷急遽𧶠行賈也居貨兌賈通物為|賣仝上

●英 央 中|倩| 泱 深黃 秧 禾苗 殃 禍| 鴦 鴛|匹鳥 ⿰亻雍 降|不伏 ●門 ○

●語 鉼 即鈴也似鐘而長脛 ●出 昌 盛| 錩 魚名 鏘 金玉聲 槍 稍也 倡 |優 猖 |狂 娼 女人不正

菖 |蒲 閶 |闔天門 鎗 鐘聲今作軍器用 倀 ||無見兒又狂也倀鬼食人導也虎行 將 佩玉聲

●喜 香 芳芬 薌 仝上 鄉 里| 膷 牛之美者 ⿸疒香 氣病 享 詩小雅吉蠲為饎是孝享

羌上上聲 襁字韻

●柳 兩 俠|斤| 倆 巧也伎| 魎 魍|潭鬼 ●邊 ○

●求 襁 負兒也 繈 錢串 彊 勉|牽| 強 仝上 ●去 ⿰女羌 亂貌

●地 仗 兵器刀戰搥名 長 |幼生||養 ●頗 ○

●他 ○ ●曾 掌 手|也又|管 仉 孟母之姓 蔣 姓也 獎 |勸褒| 槳 駕船具 長 |進

●入 壤 無塊柔土曰| 攘 擾也 嚷 喧| 宂 雜| ●時 賞 鑒|玩||賜 上 登也 想 思| 鯗 腊魚

●英 養 |育生|培|函| 瀁 水貌 ⿰月養 欲|吐也 ●門 ○

●語 仰 牵首望也慕也恃也 ●出 倘 忽止 僘 寬也 敞 高也開也 傸 惡也 昶 日長又明 廠 無壁屋也

•出搶爭取氅鷩羽又析鳥羽為旌衣之屬也•喜響聲|饗飲酒享獻也祭也受也宴也亯享古字俱享

姜上去聲〇字韻

•柳〇•邊兵武器士卒

•求〇•去唴兒泣不止

•地帳|帷脹膨|瘬滿|漲水之溢也韔弓衣悵惆|失志望恨•頗〇

•他暢通|快|睗長也通也遠也充也暢仝暢鬯以秬黍釀酒以香艸和之曰|

•曾醬豉|將|帥又中指曰|指嶂山高險者障屏|瘴|癘•入〇

•時相視也助也•英映照也怏情不滿者泱水名盎盆也鞅馬駕在腹曰|佒偃|不能俯就也

•門〇•語〇

•出倡|和唱引也導也歌也昶明也

•喜向對也嚮仝上鄉仝向昔也曏往時明也享薦也餉饋也

姜上入聲腳字韻

●柳〇　●邊〇

●求腳足也　脚仝上

●去却退也不受　卻卻本字　怯畏懦　埆地不平又瘠也　皵皺｜皮乾之也　㱿擊長也　躩盤辟也

●地〇　●頗〇

●他〇　●曾灼燒也　妁媒｜　勺挹取也　杓杯｜　芍｜藥　酌｜酒斟｜　斫刀斬　爵酒｜官名

嚼咀｜　爝火炬　櫡斫為之｜　繳弋箭著絲以罥禽獸

●入〇　●時削刮也又奪除也　屑潔也　鑠銷金也　爍光貌

●英約｜束｜信｜儉｜期｜貧｜大｜　●門〇

●語〇　●出鵲喜鳥　雀小鳥　碏恭也　綽寬緩　皵皮細起　辵乍行乍止又走也即辶字

●喜謔戲｜

姜下平聲　強字韻

●柳良善也溫也　娘少女之稱　俍與良仝　粮穀食　糧錢｜　量商｜　涼輕寒　凉薄也　孃母稱曰｜　䝰賦也

粱（粟類）樑（仝上）梁（屋丨橋丨又姓也）　•邊○

•求強（壯盛）疆（丨暴）　•去○

•地長（不短）萇（丨楚果名）　•頗○

•他○　•曾○

•入攘（竊也）瀼（露多）穰（豐也）禳（祀除癘殃）釀（醖酒為丨）勷（瓤丨瓜中犀也）

•時庠（入泮宮）祥（吉丨）詳（丨細）翔（回飛）甞（試味）常（經丨尋丨又庸丨丨久也）嘗（試也歡也）

•英楊（柳丨也姓）瑒（玉名）揚（稱丨）烊（以火銷之）颺（大言）昜（氣之輕清者為天也）佯（詐也）痒（病也）場（鑠金）

諹（譽也讙也）陽（陰丨日為太丨）暘（日出也又明也）洋（盛大又瀾）羊（深毛畜也）　•門○

•語峴（山峻皃）　•出場（收禾圃）償（還也）塲（全場戰丨）戕（傷也）嬙（婦官）腸（大小以行水穀者通也）

墻（仝上）薔（花名）檣（船帆柱）

•喜○

姜下上聲　襁字韻　全韻與上上同

姜下去聲 ⿱強言字韻

●柳亮與諒仝又遠明朗也倞索也遠也兩車數輛車｜量度｜諒小信也照察也

●邊𨇤足｜跚地也

●求倞強也強不柔和也⿱強言詞不屈也彊屍勁硬也

●去〇

●地丈十尺曰｜又長老之稱也曰老丈長度長短曰｜又多也餘也杖長拐仗倚｜

●頗〇

●他〇

●曾負約小兒子於背後也

●入讓謙也退也青也

●時上崇也尊也二古文上字⿰犭象肖似摹倣也象形象又似長鼻獸也尚上也猶也庶幾也加也又姓

●英樣法也式也⿰亻羕立動貌樣式也漾水搖動也恙憂也養共也奉上癢痛上

●門〇

●語仰恃也資也

●出匠工｜力器趟｜腳難⿺走虔肆趆｜

●喜痐疾憂也

姜下入聲 矍字韻

●柳略蔄｜忽｜經｜大｜畧仝上掠刼｜

●邊⿰木雹射中物声

●求矍｜鑠輕健貌音牿臄口上肉劇增也甚也戲也音也

●去壆土堅

•地〇 •頗〇

•他〇 •曾 著被服也附也粘也 着俗字今作用之

•入 若如也汝也順也語詞 箬｜笠 弱劣也儒也 蒻蒲｜ 溺水名 •時〇

•英 藥治病劑｜又療也 躍跳｜ 龠量名二十為合 籥三孔笛 鑰鎖｜ 瀹開滌 禴薄祭 礿春祭名

•門〇 •語 虐酷｜ 瘧寒熱病

•出〇 •喜 仢奔即流星也星為約

19 甘上平聲 甘字韻

•柳 婪食也 啉仝上 喃燕鳴聲也 •邊〇

•求 甘苦之對也又｜願又姓也 柑｜橘 泔米潘 疳小兒食甘物多則生｜責病 緊仝上 監領也視也察也又臨下曰｜臨 緘堅持意又口閉也

•去 堪任也勝也可也又克也 嵁岩｜不平 [疒合]搭市 嵌山陰兒 戓芰垂也 戡仝上 龕神｜又浮屠塔也

•地 耽耳大而垂又過樂也 眈近視而志遠也 躭俗耽字又俗作｜閣｜認 擔負荷也 儋仝上 酖酒也樂 湛樂｜ 耼耳曼無輪 聃仝上 [糸詹]緩也

•頗〇 •他 貪欲物也 探嘗試也摸取也又窺索也

● 曾 臢醃｜ 曆烹也暗｜物下潔淨也 餀鳥｜物也 咯我也 尖銳也 簪髻｜花｜ ● 入〇

● 時 三數名 弎古三字 叁大樣三字 杉木名 彡毛飾畫文

● 英 庵草舍｜廟 菴仝上 葊古庵字 腌｜臢不潔 腤煮魚也 ● 門〇

● 語 儑不慧也又謯言

● 出 參趨承也謁也幹與也度謀也 驂車外兩馬也又｜乘 叅功｜天地又｜將 滲徒流 慘奸皃 欃木名 鑱黎缺利也 ⿰毚少少也 攙技也推也

● 喜 倃仝酣 蚶蚌屬 邯｜鄲地名 憨癡也 崡大谷 酣酒樂也嗜湛也洽也

甘上上聲 敢字韻

● 柳 覧視也 覽仝上 欖橄｜果名 緊俗上 擥撮持也 攬手取兜物 楠｜擱也 膦無力 ● 邊〇

● 求 感交｜｜應｜激｜觸｜動傷｜ 敢果敢勇｜又恐為也 橄｜欖 ⿰舟敢船之兩旁 ⿷匚贛蓋傾也又頭器 ⿱竹貝尖頭｜ ⿱竹敢｜竹做也

● 去 坎險也陷也又｜坷 砍斫也 轗 ⿰土感｜坷 欿不足皃又愁也

● 地 膽肝｜ 胆俗仝上 啖 啗 噉噍也食也餌也俱仝也 井姓也 窞坎旁入也又坎底 伔止也 紞懸瑱繩 髧髮垂皃

偡｜然齊整 薝葡槴子花也 菡芙蓉未發為菡｜ ● 頗〇

●他忐丨忑虛也怯也菼草似葦而小也毯毛席橝糜和也

●曾斬斷食盡也又丨裏也魙鬼名

●入〇

●時摻覽也取也糝米屑也又雜也

●英闇閉門晦也黯深慘色又傷別也淊泥水丨丨又纏絲湯

●門餡俗呼哺兒曰丨

●語〇

●出慘惱也酷毒愁也痛也憯仝上憯也朁會也磣食有沙也

●喜喊勇聲撼搖動也嗿眾飲食聲闞怒聲之奮怒也醓肉汁噉食也橄饏食無味也

甘上去聲 監字韻

●柳坔俗云丨田

●邊〇

●求監視也太丨灠水名州名鑑大盆也鏡也照也鑒仝上

●去勘較也鞫凶瞰俯視矙仝上闞闞望墈險岸磡崖下山岩嵌鑲丨紺含也青而赤也戡堪音

●地儋罄也丨丨雨淫也擔弛丨息肩井投物井出聲也

●頗〇

●他探問也刺也闖馬出門或作窺丨字僋佅丨癡兒

●曾蘸以物淬水中

●入〇

●時三復丨丨思罧魚丨積柴水中槮仝上毵毛長𢒉相接物也即丨下也釤大鎌倸僋丨癡兒鬖髮長垂兒

● 英　闇 悉也曉也　暗 日無光又默也不明也

● 門　○

● 語　○

● 出　懺 自陳悔也　讖 ｜語也符｜驗也

● 喜　譀 吼怒　儆 逞皃又覽｜高危皃　朘 河東謂浮腫為｜　⿰貝甘 ⿰貝監｜貪財也

甘上入聲 蛤字韻

● 柳　⿰亻⿺乚由 ⿰亻匣｜　⿰臽刂 入也　⿱亼复 寬也

● 邊　○

● 求　蛤 蚌屬　佮 相合聚合　船 ｜舨船名　鴿 鳥名　合 兩禽為合又併集也　扮 手指搔｜物也　岬 山旁　甲 草木初生之莩子也長也虽蓋也又｜胄科｜保｜

● 去　閤 內中小門　郃 安也和也　跲 躓也礙也　祫 大合祭也　晗 同心也又適常之辭　韐 韎｜戎事之事　闔 開也揔也　蓋 邑名　榼 酒器

礚 石相築聲　瞌 限｜睡也　搕 取也敲擊

● 地　答 對也報也也又然也腐　荅 仝上　畣 古答字　褡 敝也衣　搭 支也架設　沓 噂｜也　⿰亻沓 怒觸人也

● 頗　○

● 他　榻 床狹而長　塌 低下也　傝 ｜⿰虫尋下材不肖之人　塔 物墜聲又塔屠也　墖 仝上　遢 [illegible]行皃　凹 音拗今作地塌字用

● 曾　帀 周也徧也　匝 仝上　劄 子｜又錄　浹 洽｜　札 小簡又夭死曰｜　⿰口帀 魚食人口曰｜

● 入　○

● 時　⿰亻㗊 ｜囂言疾　⿰亻盇 傝｜不謹　⿰扌盇 搕｜糞色又破聲　颯 朔風也又風聲　靸 輕牵也又草履小皃履也　霅 雨｜｜又閉皃

●英 姶（美好也） 哈（短氣） 唈（魚口丨水） 厭（服也丨浥溼意） 壓（鎮也降也塞補也） ●門〇

●語〇 ●出 插（插刺） 偛（丨伄丨人） ⿰臿刂（切物聲） ⿰貝臿（博戲） 鍤（鍼也鋻也） 歃（盟者以血塗口旁曰丨血） 扱（收也獲也引也牽也） 喢（多言讒言）

●喜 岬（喤丨眾聲又噏丨）

甘下平聲 莟字韻

●柳 男（丈夫也） 侽（即男字） 莮（萱丨草名） 南（向明方也） 喃（呢丨言不了又燕語） 藍（染清草又加丨神名） 楠（木名） 諵（多言皃） 嵐（山氣）

襤（丨褸服） 儖（丨儳形皃惡也） 尷（丨尬不正爭也） 籃（籠也） 那（國名） 柟（仝上） 啉（貪也） 㑣（丨儖鶩） 枏（似杏而酸丨葉似桒）

●邊〇 ●求 莟（籠丨艸名） 銜（口含物也）

●去 痷（丨瘖病未易安也）

●地 談（言論也） 譚（仝上） 餤（進也） 郯（國名又姓） 惔（燔也） ⿰亻剡（仝倓） 潛（地濕也） 倓（恬也靜也安也）

●頗〇 ●他 覃（及也布也深也延也） 潭（水深） 壜（酒丨） ⿰金曇（同壜） 痰（血丨） 曇（雲布瞿丨釋氏名也）

●曾 讒（譖也破也） ●入〇

●時 儳（丨互不齊也儖丨皃惡也） ●英 ⿱竹函（竹名） ⿰舌瓦（丨鋼丨控）

•門 𪓐義無考也　•語 巗嵚巗險也嶄丨高也又石窟曰丨 岩 碞 嵒 嵓具仝上 唫夢中言也

•出 慙愧也 慚仝上 磛丨碞 巉丨岩高也 嶄 嶃俱仝上 饞饕也食不廉也 毚狡兔 讒佞也譖也

•喜 含銜也包也容也 含仝上 咸悉也皆也 諴和誠也 鹹鹽味也 函丨容包丨匱也用也 涵水澤多也又丨泳也 凾仝函字

鋡甲也 啣俗銜字 蚶桑蟲瓜蟲 衘馬口中曰丨物官丨 㖤丨嘲言又忿氣也 梒匱也 䐄口不開 菡花蕊欲吐而未吐也

甘下上聲 敢字韻 全韻與上上同

甘下去聲 鑑字韻

•柳 濫沉丨水延慢也 檻圈也開也又丨車也 艦戰船四方施版以禦矢者 轞車聲 灠湧泉 纜維舟索 贉丨則貪財 酦柔草

•邊 ○　•求 䲦鮎丨魚名　•去 砛相觸也

•地 賧鑾夷以財贖罪 倓仝上 淡不濃也 賧鑾夷以財贖罪 倓仝上 淡不濃也 𥯨竹名 惔恬丨 𪉑清味萡也 琰琬名

澹丨萡恬靜無所為也 禫大祥曰丨 䣥酒箔 菼蘆艸始生 憺靜恬 𪉑清味萡也

•他 陪陷也　•曾 站獨立也或作鋪丨也 塹坑丨繞城水也 鏨丨鑿鑴石 劖斷也㓷也 蘗木業聚兒

•入 ○　•時 儳輕賤兒又揑言

•英 領 |顴　•門 ○

•語 戇 愚也　•出 ○

•喜 憾 恨也 陷 墜入地也沒也 𦢊 餅中肉 衘 |擅船具

甘下入聲 ○字韻

•柳 納 補秋也又受也入也 內 古納字 衲 補也又|頭衣 臘 冬終合祭諸神之名 獵 逐禽獸以除害 臈 俗臘字 躐 |等踰跨 擸 |擂和雜

笝 維舟竹索 爉 火貌 蠟 蜂液 儠 |倕惡皃　•邊 ○

•求 ○　•去 磕 |頭

•地 僣 恒|不著事也 沓 重疊也猥賤也 踏 踐| 蹋 踐|又|蹴踢球也 譶 疾言又言語不止也 沓 行皃 遝 行相及也 誻 妄語

•頗 ○　•他 ○

•曾 襍 五采相合 雜 參錯也五色相合也 諈 ||声也 什 |泒|僨 十 数名　•入 ○

•時 卅 三十也 丗 卅本字　•英 盍 褁也合也何不也 嗑 食也合也多言也 盒 褁也今作盤 柙 獸檻匱也 狎 親也近也熟也

•門 ○　•語 㬎 微妙也古顯字

●出〇 ●喜合會也同也相遇也答也又盛物器也

20 瓜上平聲 瓜字韻

●柳〇 ●邊〇

●求瓜蔓生蔬果 柯姓也 歌唱| 過往采徑|而往也

●去佤|邪離絕 誇大言也 侉仝上 夸也也奢大 跨兩股間又行不進也 胯 刳剖也

●地〇 ●頗鮁|鯤縕名

●他〇 ●曾〇

●入〇 ●時搓挪開也

●英娃女美 哇滛聲喖也 蛙水蟲 鼃蝦蟇 窪溝也 漥牛蹄跡水 窊污下也 呱小兒啼聲 媧女|古之聖女也

騧白馬黑喙 窪水名又深池 椏樹| ●門〇

●語〇 ●出撾擊也 髽|髻婦人喪服

●喜咢草木|英 花草木之葩 苍俗作花字

瓜上上聲 𠙴字韻

•柳 ⿱艹砳 |䕻不中又泥不熟 •邊 ○

•求 𠙴 見彙補闕 •去 牛 跨步 銙 帶具

•地 ⿰石蓋 藹|不中 •頗 ○

•他 ○ •曾 天 見類補闕 紙 用以書者 帋 仝上

•入 ○ •時 耍 戲| 灑 |落蕭| 灑 上仝 謏 強爭言語 徒 |跣 漱 |口

•英 瓦 蓋屋者 椏 取也手|物也 倚 同倚 崎 |蟹 •門 梚 茇|木名

•語 我 稱自己也 •出 繟 不繫也

•喜 觟 牝羊角 踝 脛兩旁內外曰|足骨也 倮 赤體

瓜上去聲 卦字韻

•柳 瀨 湍也水急流石上也 •邊 簸 |箕也又撾|

•求 卦 筮也 課 相誤又欺也 怪 不然也 蓋 器| ⿰衤蓋 衣外| 芥 |菜

● 去 牛跨｜步 罣｜礙 掛懸也 挂仝上 跨越也騎也足過也 淌船著沙不能行也 秙麥不蹇也 綶以繩草纏籬子

● 地 帶結束者又躬挾也

● 頗 破不全

● 他 泰長泰懸名

● 曾 漈水落懸崖

● 入 〇

● 時 續不斷

● 英 流｜水落田 攄牽也

● 門 〇

● 語 瓦泥｜屋也

● 出 蔡姓也

● 喜 化造｜變｜教｜ 七古化字

瓜上入聲 嘓字韻

● 柳 揦手披也

● 邊 鉢食器 撥｜使轉也｜上｜錢 盋盂屬

● 求 嘓｜｜煩言 摑批｜ 摢仝上常耳 割以刀切物 葛｜布｜粉又姓 渴乾口

● 去 闊不挾

● 地 殌擊也

● 頗 潑棄水也 鏺刀割草也

● 他 獺獸名 汰簡淅也

● 曾 [illegible]口滿食 泏水｜出也

●入〇 ●時位｜｜行 杀七｜八敗 煞收｜殺同 殺相｜

●英頞鼻｜ ●門抹｜糊

●語〇 ●出瞎目｜動也 𢽾奪取物也 擦采長｜又｜之也 疶腹瀉也

●喜喝大聲訶也

瓜下平聲 橡字韻

●柳籮盛米穀也 ●邊抛｜椗｜綱 拚｜命

●求橡樹名 ●去㭘名木

●地拖曳也 ●頗鲃｜鮑魚名

●他汰淘也地名 ●曾〇

●入〇 ●時沙泥｜ 鯊魚名

●英刷刺也割也 ●門磨｜刀 劵著｜

●語〇 ●出檛｜鏇 蛇惡蟲

●喜 謹諠| 華 蕐 華俱仝花也榮|又中夏曰|夏 驊|騮駿馬 鏵鍪也

瓜下上聲凹字韻全韻與上上同

瓜下去聲○字韻

●柳 賴倚|籟|又姓 ●邊○

●求○ ●去○

●地 大不細 舵船| ●頗○

●他 涗再洗淨 豸虫| ●曾 畷田畦|也 誓呪|

●入 若|久|多 ●時○

●英 西繪也 話說| ●門○

●語 嚄大呼 外與內裡相對|邊|因 ●出 黍俗字 娶厶| 導路|

●喜 畫 畫 畫 畵繪也具同|說 話|言 喧||吼 擭捕獸

瓜下入聲○字韻

•柳 捋手按 埒界也 捺手按 畤耕田起土使之平也 辣味辛 •邊 跌丨倒 鈸鐃丨

•求 ○ •去 ○

•地 ○ •頗 拔丨桶亦曰弔桶

•他 ○ •曾 蠽蟉丨 差參丨

•入 熱暑天也 •時 ○

•英 活生也 •門 末細紛幼也 蓬菨丨菜名即厚丨菜

•語 ○ •出 ○

•喜 跬足丨牵曰 踤越也

卷四終

彙集雅俗通十五音

卷五字母

江兼交迦檜

江兼交迦檜

21 江上平聲 江字韻

● 柳 砛 石砛 儜 傖| 壠 坑| 瀧 仝上

● 邊 邦 |國 幇 |丁 幫 |襯治履 梆 敲| 𤿎 皮治鞋履 挷 助也 崩 山|壞也 枋 杉|

● 求 江 川之大也 杠 橋也 矼 聚石為梁渡水 畕 比田也 工 作|工夫 公 |母 蚣 蜈|

● 去 空 盡|虛也 孔 壁| 眶 目|

● 地 東 東西南北 冬 |天收| 棠 膠|木名 璫 玎|玉声 蕫 芒|草名 蹚 足觸石也

● 頗 香 氣之美也 蜂 螫人虫也

● 他 牕 透亮也 窗 窻 窓 俱仝上

● 曾 椶 |簑 捎 引也 艐 |船 騌 馬猪項毛 鯼 魚名赤| 鬉 镸| 棕 高疎無杖

● 入 ○

● 時 鬆 鬔| 雙 成對也

● 英 尪 神明俗號 汪 漳腔姓也 翁 姓也|婆

● 門 ○

● 語 ○

● 出 葱 |韭葷菜 聰 |明

● 喜烘｜爐魴｜魚鱝仝上峯地名

江上上聲 港字韻

● 柳籠箱｜朗明｜

● 邊綁｜笞也挷執也｜縛琫佩刀上飾菶草木盛｜

● 求講｜說究解也又｜告｜論港水分流也又商｜犺牛｜僙｜侊不媚

● 去孔面｜

● 地党參｜藥名董姓也古｜陡｜門埭水出入之處

● 頗紡｜績

● 他桶取水具

● 曾鬃編髮為之

● 入〇

● 時摤投擲也

● 英翁戾也塕拜｜狼戾

● 門蚊齧人虫也網｜巾

● 語〇

● 出鬘髮亂也

● 喜僙儋｜也

江上去聲 降字韻

● 柳〇

● 邊放縱出也

●求絳大赤色降下也落也縱也洚水不遵道也蝀｜石　●去掐爪｜曠｜地埔｜炕｜床

●地凍冰｜儅伴｜小厮檔門｜　●頗胖肥｜

●他疼｜痛　●曾粽角黍綜絃｜

●入〇　●時送餽迎

●英甕鋼｜塕｜城䙎襪｜鞥靴｜齆鼻｜　●門〇

●語〇　●出鬈不直乱也

●喜瘀腫也

江上入聲　角字韻

●柳橐｜袋　●邊剝落也割也駁馬色不纯也又｜雜駮辨｜北南｜腹心｜幅布帛廣也

●求角獸｜隅｜桷楹｜覺悟也知也珏雙玉捔掎｜紲其後曰掎經其前曰｜榷橫木渡水屩草履鵅鶏｜

●去確堅也告以磬同傕人名殼素也皮也壳省文殼字愨誠也謹也恪恭也嚳急告之甚麴媒酒粬仝上

●地觸牛相｜喌｜｜呼鶏　●頗仆物反也覆身｜

他剔|補
曾促偓|

入〇
時捒挨|

英沃灌溉肥也偓|促握|持幄覆|喔鷄声又强笑貌渥沾濕沾潤齷|齪鋈鍍金

門〇
語〇
出察|吏

喜豞豕声

江下平聲〇字韻

柳人萬物之靈⿱龍手擊也壟土名聾耳無聞也籠鳥|火|灯|膿|血
邊房內室馮姓也縫|釘

求〇
去〇

地同和|筒竹|童|乩銅|鉄⿰骨童脚|骨
頗篷|船捧手擎

他蟲|豸瓻瓦|桐|油
曾叢花|樹|掙刺也

入〇
時〇

英洪姓也紅赤色朱|
門厖豐厚大有尨犬長毛者哤言|亂者龐姓也

• 語 仰 威丨 昂 高也明也 • 出 饞 爱食

• 喜 杭 州名 降 服也 桁 刑械 俸 傭不伏也 行 行列丨伍丨肆 篊 石梁絶水取魚

江下上聲 港字韻 全韻與上上同

江下去聲 共字韻

• 柳 罡 寬丨 拼 變丨 弄 戲丨 笭 取魚具 • 邊 捧 杖也打也 蚌 蛤類

• 求 共 相丨 • 去 ○

• 地 動 丨搖 重 輕丨 甎 甕丨 洞 石丨 • 頗 縫 丨痕 棒 鼓丨

• 他 弄 抽丨 • 曾 ○

• 入 ○ • 時 ○

• 英 寵 上丨 • 門 望 遠看 夢 睡中有見 網 魚丨

• 語 ○ • 出 ○

• 喜 項 頸後又大也姓也 巷 街丨 閧 仝上 鬨 鬭声 行 丨丨剛強 衖 里中路也 缿 如瓶長頸可受投書入不可出又受錢器

江下入聲 礫字韻

●柳 六數名 搙捻| 厤以爪捽物 皵執也 ●邊 縛束也繫也 𧷸社|俗字

●求 礫裂也 ●去 㱿甌貌 殻仝上

●地 濁水不清也 毒|物 逐|件分也 碡磟|平田之器 ●頗 暴日乾也

●他 讀|冊 ●曾 擉以杖刺泥中取物也

●入〇 ●時〇

●英 篗收絲|也 籰仝上 ●門 目眉| 木樹|衡| 茉|莉花名 墨文房四宝之一

●語 岳州名又姓 樂|音 嶽五|眾山之宗 鷟鸑|鳥名 雅棋心中一子 ●出 鑿斧|

●喜 學受敬傳業曰| 斛十斗曰| 嚳|散 礐廁池 礐仝上

22 兼上平聲 兼字韻

●柳 拈指取物也 跕|脚行 ●邊〇

●求 兼并也 蒹|葭葦名 鶼比翼鳥 縑並絲絹 緘封也 ●去 謙敬也讓也不自滿也

•地 沾漬也濡也又丨丨輕薄也 佔丨佢輕薄 霑雨霖漬也 •頗○

•他 添益也 忝仝上 •曾 占測也卜也 佔以覘仝 [illegible]立侍也 瞻仰視 詹多言又姓

尖小也 鮎魚名 針可以引線 苫蓋也編茅蓋屋也又凶服以為寖度也

•入○ •時 摻好手也 纖微也 鑯山韭細也 痁瘦疾又瘧 銛臿屬又利 憸利口也

•英 奄久視 偣淨也 淹漬也滯也 醃盬漬魚物 厭飽也足也 懕安也 黶無丨 猒飽也足也數也 閹宦人乃去勢者

•門○ •語○

•出 僉皆也眾共言也 籤驗也竹丨以卜者 簽丨書文字 襜整貌 殲微也滅也 笘折竹箠 幨車丨裳帷又絕也

•喜 杴屬鍫 忺意所好也 嗛甘美 炊禾傷肥也 鍁火丨土丨

兼上上聲 減字韻

•柳 歛收也聚也 瀲水滿 蘞白丨藥名 臉面丨 膁腰之左右虛肉處 •邊○

•求 減損也耗也 减俗仝上 檢丨束點丨巡丨 撿搜丨丨舉丨察 鋑鉄質金以飾馬首也

•去 [illegible]意不安也 歉穀不升也 慊恨也不滿也快足也 嗛猴頷貯食也又仝慊 謙仝慊 樚房牖柱也

•地點小黑也又｜畫更｜ •頗〇

•他忝累也玷辱餂鈎取謟信言⿰目忝餔田 •曾颭風吹浪動

•入染｜色污｜⿰氵⿱丸木上仝冉弱也又姓苒茌｜柔也又草盛貌丹冉本字

•時閃躲｜陜地名剡銳利也削又光也⿱丷⿻人又削也广因巖為屋

•英掩遮蓋閉也揜上仝奄取也忽也罨網也渰雲興也黶面有黑子靨頰輔魘睡中驚也

扊｜廖門閞琰圭之銳者弇蓋也又鐘形中央寬也又音甘 •門〇

•語儼昂頭恭也 •出槧斷木為｜⿺辶僉｜｜欲近鐕花｜

•喜險危也难也不可測也獫長喙狗玁｜狁北狄

兼上去聲 劍字韻

•柳撿指｜物也 •邊〇

•求劍兵器剣上仝 •去欠｜闕芡｜寔藥名傔｜從使屬

•地店肆也所以置貨貿易發兌也占上仝覘闚視玷玉病缺也坫屏也墊下也弱也⿱穴執屋頃下也 •頗〇

●他 榛炊竈木也 栝榛本字今以為木名 㐁以舌鉤取 囱古文面字｜日竹上皮

●曾 占擅據也

●入○

●時 ⿰氵疌水將出也

●英 厭｜足｜斁｜棄 俺大也 檿木名 饜飫飽 掞光明 淹没也

●門○

●語 驗證也效也 騐俗仝上

●出 僭假也差也 僣俗仝上

●喜 ⿺走劦走也 喊喝｜

兼上入聲 俠字韻

●柳 聶附耳小語又姓 囁口動又私罵也 懾怖也又喪氣也 鬣馬領毛魚龍領旁小鬐豕領毛皆｜ 慴仝懾 摺折也摧也 涅染黑 湼俗涅字

捏捻也聚也握也捺也 拉折也摧也招之也 攝兼也 儠｜長壯皃 躡登也踏也著履也

●邊○

●求 俠傍也並也 ⿰俠刀與刼仝 劫强取也奪去也勢强 刼仝上 夾右左持也交並也 頰面旁 筴筋也 郟｜郁地名 莢蓂｜瑞草揄｜荳｜

鋏劍把也又劍也 蛺｜蝶 篋箱｜ 愜志滿 袷衣無綿也 峽山峭夾水曰｜ 梜著也羹之有菜用 胛背甲在背上兩膊間也

●去 怯畏懦 ⿰犭去多畏 壞物｜

●地 輒忽然也轉也每事即然也 輙仝上 尐小也少也

●頗○

●他 帖簡｜券｜妥 貼邦｜即然也事也

●曾 接相｜相續交也承也 汁液也 睫目旁毛 睷仝上 ●入 ○

●時 澀不滑 澁羞｜ 霎小雨也又｜時 慴堅也 攝揔持也收也佐也 啞多言

●英 燁光曜 熚明也 饁饋餉 廅｜片旁屋 奄遮掩也 ●門 ○

●語 ○ ●出 妾次妻 竊盜也私取也 窃俗仝上 佤佃｜小人

●喜 係以下仝 偞卑也｜曰美也 熁火迫也 磁｜石音慈

兼下平聲 甛字韻

●柳 廉貪側潔也不也也 簾竹簾門｜ 濂水名 臁脚｜ 鐮鉤｜ 奩鑑匣貯飾妝｜ 拈佤也指取物也 黏糊也

粘仝上 簷屋｜ 蘞草名 幨布帷曰｜ 帘酒旗 臨｜時 ●邊 ○

●求 甛義闕 鹹鹽菜

●去 伶｜伴古樂之人 拑｜口不言天下事之脅持也 箝｜口 鉆 鈐 鉗俱仝也以鐵束物也 黔黑也 黚淺黃黑色 喊｜口也

●地 恬静｜ 甛甘也美也 甜仝上 沉物｜水也 ●頗 ○

●他 ○ ●曾 潛涉水藏也 潜俗仝上 燖焰以湯沃毛令脱也

●入○ ●時蟾｜蜍又｜宮月宮也

●英炎火光上也熱也熾也鹽海水為之塩仝上閻里門又姓閆姓｜檐棍也屋前後茦下｜櫼番木可作舵也 ●門烈義闕

●語嚴教人急也又莊｜威｜也謹也又姓也釅酒味厚也巖山｜ ●出罙果名如柑劉刺也

●喜嫌疑也憎也

兼下上聲減字韻全韻與上上同

兼下去聲鐱字韻

●柳念當思也念俗仝上殮斂收｜死者衣服也 ●邊○

●求鐱臿也 ●去儉去奢從約也又少也

●地簟竹蓆柳門柙也啖食也 ●頗○

●他沉物中投水⿰阝詹陷也 ●曾暫不久斬稍也次也進也賺重買错也

●入姝淮南呼母曰｜ ●時贍賙也急也足也暹日光升也進也又｜羅番国名

●英艷美色也又光彩豔仝上灔水滿貌餤火｜焰火光燄仝上 ●門○

●語○ ●出○

●喜㛂好貌

兼下入聲○字韻

●柳粒米顆図手取物也 ●邊○

●求○ ●去○

●地疊重也累也俱也疉仝上牒札也簡也又官府移文曰｜蝶蝴｜諜間｜今之細作渫波貌又音屑除去也堞城上短墻蹀履也踏也

氎細毛布韘射決象骨为之著于右手大指怗安也喋言多 ●頗○

●他㯗掛｜｜上｜高 ●曾倢斜出貌又利也便也疾也

●入顳鬢骨 ●時涉徒行厲水揲數筮攝鬼怪所迷

●英葉枝｜又奕｜累世也又姓僷輕麗也楪牖也頁冊｜ ●門○

●語業基｜事｜孳｜產｜⿻業乚引也鄴地名緤紉｜續也縫補衣 ●出○

●喜俠任｜豪挾懷｜｜持狹不廣劦仝力協｜和｜仝恊叶勰俱仝上愶恐迫怯也脅身左右脇下也又迫｜以威力恐人也

洽浹｜霑濡周編也又合也和也　脇仝脅

23交上平聲　交字韻

●柳　佬佬佬大皃　●邊　包｜裹｜含　笣竹名　胞胎衣也又同胞兄弟　勹裹也

●求　郊邑外曰｜　咬鳥声　交共也互也友也　蛟龍屬　鮫海魚　膠黏膏也又固也　鵁鳥声　嘐雞声　粎｜糊米餅

荾草名　溝水路｜路　鈎鈎｜秤｜

●去　敲叩也擊也　鬮拈也　墝土不平也又｜角土之瘠者　磽瘠也薄也石地不平　尻脽也脊梁盡處是也

●地　兜｜鍪旁也　兠仝上　⿰扌兜｜攬　●頗　抛擲也　拋仝上　泡水上浮漚　胞｜囊膀胱　櫇櫇｜果名

●他　偷盜｜｜取　●曾　攫燔餘木也　糟｜酒　笊｜篱

●入　○　●時　捎芟也掠也　梢木枝又船尾舵｜也　弰弓表　鞘鞭也　嘲　誚言相調也　蛸小蜘蛛也

●英　歐姓也　甌小盆　坳地｜下也不平也　凹仝上　曉澡目｜也　瞘同曉

●門　○　●語　○

●出　鈔取也謄寫　抄仝上　樔以薄汕魚　繅擇草如絲　繰仝上　譟代人言也　勦｜說　操｜練

● 喜 侾｜佬大兒 㾖｜瘷喉病 窙高氣也 虓虎自怒也 哮豕驚聲又｜喘大怒 烋魚｜氣健自矜也 嘐誇語

交上上聲 狡字韻

● 柳 荖｜葉 咾聲也 撓屈也 斢斢｜兵奪人物也

● 邊 飽食充滿也

● 求 狡猾也狂也 佼美也好也 姣仝上 絞纏也縊也急也 㽱疛｜腹中急痛 口瘂口 九數名 狗畜名 垢油｜

● 去 巧拙之反也好也善也又機｜也 口洒｜又馬｜鐵

● 地 斗量名 抖打也

● 頗 𦐇飛也

● 他 解｜開

● 曾 僺｜｜長兒 走急走 蚤狡｜ 姐女子也

● 入 ○

● 時 数擊也又攬｜也

● 英 拗手拉折也 毆捶擊 媼女老之称地神曰｜ 嘔吐也 𪏮｜䵒軟也

● 門 卯辰名 夘本卯字 昴宿名 茆鳧葵也｜名薄萊

● 語 ○

● 出 炒乾熬 謅弄言相戲又相擾也 䩌齺｜面曲 草花｜

● 喜 吼聲聲唬怒 犼獸似犬食人也

交上去聲 教字韻

● 柳落 |葉 ● 邊餃 |甜 胞 目怒

● 求教 授也訓也 教 俗同上 較 相角|也 珓 杯| 校 比| 窌 地藏也 窖 仝上 挍 魚也比也檢也抿也 到 至也 彀 物足也

够 仝上 筊 杯|古用玉今用| ● 去礉 石不平也 哭 |泣|喊 扣 |除 釦 鈕| 筬 |框織具

● 地午 日| 鬬 相| ● 頗砲 以機發石為攻城具 礮 仝上 炮 仝砲昔用石今用硝火 皰 面瘡 疱 天|瘡名

● 他透 通| ● 曾竈 炊飯具 灶 上仝 奏 |本進上

● 入○ ● 時哨 巡|又堡|角| 掃 帚也 嗽 咳|

● 英拗 故相違也 倁 與上仝 砌 石不平也 慍 怨也 殏 鮮不 懊 |惱 ● 門○

● 語○ ● 出笊 |籬飯具 臭 味惡 湊 相找

● 喜孝 善事父母曰|

交上入聲 飲字韻

● 柳噿 犬食 ● 邊皺 |皺皮起

● 求飲 物相合食 确 油| ● 去○

•地〇　•頗博大也

•他〇　•曾抯取也

•入〇　•時〇

•英〇　•門〇

•語〇　•出〇

•喜〇

交下平聲 猴字韻

•柳樓重屋流|水畱相|住也劉姓也鐃弄|嚠咬|也　•邊苞草名炰肉置火中

炮仝上咆|哮虎声袍長褥跑蹴也匏瓠也刨|削庖|廚宰殺烹飪之所敲|同刨|移

•求侯姓也猴猿[illegible]　•去〇

•地骰賭具投|傍|詞　•頗〇

•他頭首也　•曾巢鳥室漅湖名剿絶也殺也窼屋深空也

●入〇 ●時〇

●英喉嚨| ●門〇

●語嶢高山 賢|人 ●出〇

●喜嫯狡娌也

交下上聲 狡字韻 全韻與上上同

交下去聲 厚字韻

●柳閙不靜也擾也喧囂也 朿全上 數|豉小兒究悪 瘺|瘡 屚屋穿雨也 老年多也 漏|出也又更|也

●邊皳手擊也 鉋正木器 ●求厚不薄也

●去〇 ●地荳穀名 脰頸也 讀句|

●頗抱持也引取挾也懷|也 ●他〇

●曾找|尋|還 櫂進船長揖 棹全上 淖泥也和也 巢棧閣也惡謚也 噪眾聲 ●入〇

●時〇 ●英諾應| 後前之對也

●門○ ●語○ ●出○

●喜傚法也倣也俲仝上候訪也氣｜證｜伺｜候仝上佼快也校學宮也又｜尉効驗也功｜斆教也效也

效孛也倣也功也驗也致也鷽海中介蟲

交下入聲○字韻

●柳○ ●邊○

●求○ ●去礉砊｜石不平也

●地○ ●頗皰皮起也雹雨沐也鑃柞頸謂之｜也

●他○ ●曾○

●入○ ●時○

●英○ ●門貿｜果子

●語○ ●出○

●喜○

24 迦上平聲 迦字韻

●柳[illegible]鳴之物牯声呌 ●邊○

●求迦身毒國聖人瞿號曰釋|跏|趺屈足足坐也袈袈裟僧衣 ●去奇單也單雙之對也

●地爹父也 ●頗○

●他○ ●曾遮安也敝也攔也遏也胃也盖也[illegible]儸|嗟嘆也咨也痛惜也罝兔網罝仝上

●入遮 ●時賒遠也又不交钱買物曰|遲緩賖不交也

●英○ ●門○

●語○ ●出車輿輪総名硨|磲奢張也侈也泰也

●喜鞾鞮屬靴俗仝上櫼蠡也杓也即鬹|

迦上上聲○字韻

●柳佪皮寬也 ●邊○

●求○ ●去○

•地 地仝⿰亨也字說 ⿰亨也俱咒字 •頗〇

•他〇 •曾 者語助詞 媎羌人呼母為丨又乳母亦曰丨 赭赤也又赤色 姐蜀人呼母曰丨又慢也

•入 ⿰口余膺声 噫敬言應声又拜而不跪也 喏敬言也又陽丨 惹詭也亂也引丨也 ⿱各日膺声

•時 舍仝捨 捨釋也去也弛也棄也施也 寫傾也除也盡也謄抄也摹畫也

•英 也語已詞 冶鎔鑄也又妖丨 野郊外曰丨又村也 埜仝上 仔俗為鄙細之稱 •門 乜番姓 ⿱艹咩名人

•語〇 •出 偖裂也 哆張口 炧燈燭爐也 烢仝上

•喜〇

迦上去聲

寄字韻

•柳〇 •邊〇

•求 寄丨托 •去〇

•地 ⿰丁夜梵语 •頗〇

•他〇 •曾 借假也貸也推奖也 柘桑丨葉可飼蚕 樜仝上 蔗甘丨 鷓丨鴣 漈水崖際也 炙丨肉也近大也

●入〇　●時舍屋也又師｜宿為｜｜又置也舍俗舍字赦宥也釋也卸舍車解馬脱衣解甲背曰｜瀉吐｜

●英伬惰也　●門〇

●語〇　●出痺池也逝義闕

●喜〇

迦上入聲〇字韻

●柳剽斷也折也　●邊壁墻｜

●求〇　●去隙壙｜

●地摘｜花　●頗僻｜遠癖性有所耆

●他拆｜開折｜卸⿰糸斥縛也　●曾脊尻｜隻数物迹腳｜即令｜

●入〇　●時削以刀｜也錫青金五宝

●英益進｜利｜　●門〇

●語擮開｜躆足擮開也　●出赤紅｜刺穿也｜繡

•喜〇

迦下平聲 伽字韻

•柳〇 •邊〇

•求伽|籃岐地名荷用肩扛或擔 •去騎坐馬

•地〇 •頗〇

•他〇 •曾〇

•入〇 •時佘姓也畬山名斜不正杆也邪不正也姦思也佞也衺不正蛇毒蟲

•英爺父稱也又尊稱琊琅|地名又作琅琊耶疑詞釾鏌|劍名梛|子邪全耶字椰|子 •門乜眼|斜|

•語呀張口皃又頌洞口空大蜈|蚣螞鎏|抬工人|物 •出〇

•喜〇

迦下上聲〇字韻全韻與上上同

迦下去聲 崎字韻

●柳○ ●邊○

●求崎山路險也 ●去伽—藍神豎—柱—旗

●地咄咒語 ●頗○

●他○ ●曾藉薦也賴也又蘊—謝姓也

●入偌姓也訾譍言也

●時社土神今民居亦曰—射—箭榭臺—謝辭也絕也退也彫落也又感—又姓也麝—香袿古社字

●英夜與晝對著斁以手散物也表示轉折或讓步 ●門○

●語○ ●出○

●喜瓦蓋屋者蟻小蟲

迦下入聲 展字韻

●柳撆掠取也拏擎人曰—拿仝上捕擎魚曰— ●邊○

●求屐木—𢹊舉也 ●去○

●地 羅買米糓也　●頗 甓丨甎

●他 〇　●曾 食飲也

●入 〇　●時 席筵丨 魰魚名

●英 帙冊丨 易經名又姓 蝪飛蟲 蝶尾丨蝴丨 役羌丨 驛丨遞　●門 〇

●語 奎所以驚人也丨曰也声犬丨曰盜不止　●出 箖油丨

●喜 額顙也

25 檜上平聲 檜字韻

●柳 〇　●邊 杯酒丨 坯俗仝上 桮丨棬飲器

●求 檜木名 傀偉也大皃美也盛也 儴仝上

●去 盔丨甲 魁斗首四星也又首也 詼虐也 恢大也 悝詼諧也又病也 蕻丨簾 科地畝起丨

●地 〇　●頗 坏未燒土器 坯仝上 瓸未燒瓦器

●他 焞盛貌 焿丨熠毛也　●曾 〇

●入〇 ●時衰微也耗也弱也榱椽也縗喪衣

●英猥鄙也煨丨爐盆中火也碨丨磊石又硃不平葨草也⿰歹委病也痿痹濕病也⿰鬲求土谷⿰冋刂鍡割開也錒銅丨

●門〇 ●語〇

●出吹丨簫炊丨粿烟丨 ●喜灰火過為灰虺隤丨病也隳毀也

檜上上聲 粿字韻

●柳餒飢也乏也餧仝上鯘魚敗⿰歹妥不平也不知人 ●邊倍物相二曰丨也裱丨開掊手丨開也

●求粿米食餜餅類碻以石丨之使高也 ●去踝婦人拜也

●地〇 ●頗恬不可也琲珠五百枚哂相爭之声

●他〇 ●曾〇

●入〇 ●時娞妖精洩丨不正也

●英〇 ●門每當也各也凡也頻也浼污也凂俗浼字渼浘水丨地名尾頭丨杪樹丨月丨

●語〇 ●出髓骨中膸猪丨

•喜 火 燃化火也 夥 |計賭|盜|

檜上去聲 噲字韻

•柳 〇

•邊 貝 寶| 唄 誦梵語也 背 身後曰| 褙 襦也 輩 類也比也 輩 上仝 昁 日不明也

萯 薬名|母 ⿰口市 日不明也 裱 表|

•求 噲 咽也 檜 木也 薈 草多皃 儈 牙|會合市人者 會 計也又縫也過也 澮 溝也 獪 狡也 ⿰禾會 糠也 劊 斷也

膾 牛羊魚之腥聶而切之為| 鱠 魚名 鄶 國名 懀 悶也心也 冠 雞|花名 過 失也往也 鬠 女冠

•去 課 稅也計也教也又文章曰| 踝 足膏 蹶 行急遽也跌也

•地 對 聯| 從 隨|

•頗 配 侑也匹也 妃 古配字 杮 削下木片 唾 |涎

•他 退 却也郤也退也 ⿺辶艮 上仝 蛻 蛇|蟬|所解皮也 螁 上仝

•曾 最 凡要也又尤也 嘬 齧也 贅 男附女家曰|婿又附|疣瘤也 蕝 朝會束芽表位也為綿|之義 ⿸疒敫 瘤腫 綴 聯也

•入 〇

•時 歲 年也 嵗 俗歲字 稅 租|也憩息也 帨 拭手巾 說 舍也以言人使從 晬 週年也 帥 主將曰元|也

•英 穢 惡也污也荒也 薉 汙也無也 濊 汪|深廣洋溢貌 劌 傷也割也 ⿸厂畏 隱⿸广豦 噦 車輪声也 翽 鳥高飛之声也 饖 飯傷熱也

•門 〇

•語 〇

●出〇 ●喜悔懊|晦不明也月盡也誨教也訓也靧洗面燗再草爛也痗病也貨|物兑也

檜上入聲 刮字韻

●柳〇 ●邊〇

●求刮削也郭姓也蕨|仔|粉 ●去缺少也

●地〇 ●頗〇

●他〇 ●曾〇

●入〇 ●時說|話

●英挃取也手取物也 ●門〇

●語〇 ●出歡大飲也

●喜血膿|

檜下平聲 葵字韻

●柳羸瘦也病也因也僂傴也 ●邊陪助也伴也家臣也倍阿|鬼名俳|侗培益也擁也

掊 ｜克也聚斂也 醅 酒水漉也 裴 衣長貌也又姓 賠 補償 菠 ｜蓤藥名

•求〇 葵 肩｜

•去 𤸷 手足屈病

•地 兑 以物相交易也 兊 仝上 隤 摧也下墜也 𩣡 馬病 僓 順也 頹 暴氣也又墜也 魋 獸似熊而小也 頹 俗頹字

墤 落也棣也 蘈 草名 䫥 暴風也

•頹 皮 ｜膚

•他 痥 小瘡

•曾 摧 挫也折也 漼 霜雪積聚

•入 蕤 草名莖秀 緌 冠纓下垂 捼 ｜撋

•時 垂 枝垂下也

•英 禾 榛也又地名也菜｜

•門 梅 果名又梅 脢 背肉 酶 海母 莓 草名又苔 囮 譯也又云鳥｜賦｜ 某 古梅字今作厶字 媒 ｜灼又｜糵又麴也 煤 炲｜又烟墨也

禖 天子求子祭名 黴 物中久雨青黑色 媒 ｜婆 枚 枝曰條幹曰枚数物凡箇几｜又馬鞭也又銜｜姓 霉 雨｜ 鋂 母子環也 䳮 鳥名誘鳥

•語〇

•出 箠 杖也

•喜 徊 徘徊不進之也 佪 仝上 回 轉也邪也返也 廻 逥 俱仝上 痐 腹中長蟲也 洄 水名 茴 ｜香藥名

回 回本字 和 ｜尚｜番

檜下上聲 粿字韻 全韻與上上同

檜下去聲 跒字韻

•柳 內(中也裏也外之对也)

•邊 珮(玉丨) 佩(大带也又王丨又服之也) 倍(加丨鄙俗) 焙(熇也)

悖(垂也丨逆) 誖(亂也乖也) 偝(不也) 邶(国名) 焻(仝焙) 旆(旂末) 筏(飛揚之貌) 琄(玳丨) 狽(狼丨)

背(孤負也又反面) ⿰木友(木枝挺直上曰丨) ⿰米風(糁也) 柭(木生柯葉之也) 昁(日不明也)

•求 跒(服也丨裾)

•去 〇

•地 〇

•頗 被(臥⿱舉木寒也)

•他 傫(老丨昏頼也)

•曾 辠(辜也寬也罰也) 罪(即仝上) 睡(瞌丨)

•入 睿(深遠也通達也) 叡(仝上) 汭(水化曰丨) 枘(木耑所以入鑿) 蚋(醯雞) 芮(草名) 耒(耕田曲器) 銳(利也) ⿰土内(深静也)

•時 涶(流下也)

•英 衛(護也捍也防也)

•門 炯(丨爛) 未(不及也過早也)

•語 外(遠也表也疏斥也) ⿰男外(丨甥姉妹之子也今皆作外字)

•出 尋(相丨)

•喜 會(総丨丨合) 岃(古會字) 繪(画文) 憒(心亂) 潰(逃散也亂也又怒色) 聵(耳聾) 瞶(目風疾也)

匯水会合也 ⿰亻匯貿易直也 繢仝絵

檜下入聲 鱠字韻

●柳〇 ●邊〇

●求鱠||漿不清也 ●去⿰火厥以火熱物之

●地〇 ●頗沫水|堛田土塊也又|槌

●他〇 ●曾〇

●入〇 ●時〇

●英哊吐声⿰禾會糠|劊破也 ●門⿰衤幾足衣

●語月太陰之精又三十日為| ●出〇

●喜〇

卷五終

彙集雅俗通十五音

卷六字母

監艍膠居丩

26 監上平聲 監字韻

●柳〇 ●邊〇

●求監 ｜守又牢獄也 橄 ｜欖果名 ●去坩 飯｜

●地今 ｜即 擔 ｜擔也 檐 匾｜鈴｜ 中 ｜央 ●頗〇

●他他 代也誰也 ●曾〇

●入〇 ●時衫 衣服 三 數名

●英〇 ●門〇

●語〇 ●出〇

●喜〇

監上上聲 敢字韻

●柳拏 操也持也捕也牽也 拿 仝上 那 何也又云｜個 欖 橄｜ ●邊〇

●求敢 ｜做 ●去〇

●他〇　●曾整（齊|）剸（|斷）

●入〇　●時甚（|事）

●英〇　●門馬（乘畜又姓）碼（碼磁）媽（原父母之母曰|今亦呼稱曰祖母）

●語〇　●出〇

●喜〇

監上去聲　酵字韻

●柳〇　●邊〇

●求酵（發麵|母）　●去〇

●地擔（行旅也）檐（仝上）說（|話）　●頗粃（不成轂也）有（仝上）

●他〇　●曾旵（日光然也）

●入〇　●時〇

●英⿰亞欠（鼓小驅聲）⿰甲欠（||鼻息）吰（牛聲）　●門〇

•語〇 •出〇

•喜〇

監上入聲〇字韻

•柳摑於不止也嘊唔丨小人言薄相也 •邊〇

•求〇 •去〇

•地〇 •頗〇

•他〇 •曾〇

•入〇 •時唔丨嘊

•英〇 •門〇

•語〇 •出趃行步丨丨

•喜〇

監下平聲擥字韻

●柳 藍(姓也)林(樹也)籃(菜丨)嚨(喉丨)巖(龍丨州名) ●邊 ○
●求 擥(撮持也) ●去 ○
●地 燫(火操也) ●頗 ○
●他 ○ ●曾 ○
●入 ○ ●時 ○
●英 ○ ●門 痳(丨風熱病)麻(面丨面班)
●語 ○ ●出 ○
●喜 ○
監下上聲 敢字韻 全韻與上上同
監下去聲 ○字韻
●柳 那(語詞) ●邊 ○
●求 ○ ●去 ○

●地 掟 |落也俗用掞非也又音井渾張也　●頗 〇

●他 艶 |粧　●曾 㩪 擊也抛也

●入 〇　●時 〇

●英 餡 餅中肉|　䭕 餅中豆也又豆半生　●門 罵 惡言也　傌 僇辱　禡 祭名　伯 馬祖也天駟也天駟也房星之神也

●語 〇　●出 〇

●喜 〇

監下入聲全韻俱空音

27 艍上平聲 艍字韻

●柳 〇　●邊 屭 臀也

●求 艍 船名　龜 甲蟲之長　亀 俗仝上　●去 丘 姓也　邱 亦姓　坵 田|　祛 祛邪

●地 鼄 蜘|結網插飛蟲者　蛛 仝上　●頗 呼 吹聲

●他 〇　●曾 朱 赤色姓也　珠 珍|　硃 石|　洙 水名　茱 藥名

資賴也助也貨也又周給也 茲黑也此也 滋液也蕃多也 孳生也息 鎡鉏也 侏儒｜容貌 茲草木多也此也 孜勤也 姿態也

菑｜歲田 趑不進也 粢六穀曰｜在器曰盛 咨謀｜又嗟歎聲 緇黑也 輜載衣物車 貲財也 齋衣下鞭也 椔木立死曰｜也

淄｜水又若漆也 鼒小口鼎也 髭口上毛 秶積也 鼀龜也 皻手足生皮堅也 澬涔｜久雨也又水名 茨茅｜以茅蓋屋曰茨音慈又蒺藜曰｜又積也

錙六銖也古人言較量｜銖謂輕微也 銖秤量合計廿四兩 諮嗟歎也 稲禾死也 諸語詞｜侯

• 入〇

• 時 偲相切責也 廝賤役 儩仝上 斯此也則也

伺偵候也又察也 凘冰索也又盡也 嘶馬聲 司主守 思念也慮也 緦三月服 䰄多髮貌 師教人者由習學也眾也又｜生

颸涼風 私不公 螄螺｜ 釃以筐沛酒去糟也又分也 罳罘｜連闕曲閣也又屏也 獅狻猊也食虎豹也 顋面頰 腮香｜

笥器門 輸敗也

• 英 迂｜遠｜曲｜濶 紆曲也縮也 杇鏝器 扜仝上 盱腳｜ 洿窪下之地水所聚也 汙濁也穢也水不流也 污仝上 跒踞也

• 門〇

• 語〇

• 出〇

• 喜 夫夫｜妻役丈大｜｜ 玞名次玉 砆仝上 趺跏｜大坐

鈇鍘刀用於切草 桴編竹為舟父擊鼓杖 桴穀皮即粗糠也 麩小麥屑皮 孚信也 琈瑀｜美玉 敷布也陳也 不與柎同花下萼足也

痛疲不能行也病也 柎花下蕚 膚皮也大也 罘與罦同 罣翻車網 俘囚也獲也取也 傅｜納以言師古曰｜讀曰敷 休｜仁李

艍上上聲 久字韻

●柳汝海上腔 ●邊斧｜頭

●求夂｜長 韭｜菜 ●去〇

●地抵相｜ 柢｜搥 ●頗蜅土｜蟲｜ 瞢目不甚明

●他〇 ●曾子嗣也子息 仔任也克也 朿止也 孶古子字

●耔壅禾根也 梓木之王者又稱人之父子曰喬｜ 秄籽本字 口有所絕止｜而識之 主君也宰也守也當也領也掌也賓之對也

●入乳海腔 ●時使｜令役也 史籍也又記事也又姓 叓古史字 死殂也歿也 𣦸文字古死 駛馬疾行也

●英鄔姓也 ●門武威也跡也勇也斷也 武仝上 斌古憮字 碔石次玉 珷仝上 侮慢易也俗作侮字非 憮愛也又｜然悵貌

嫵媚也 儛同撫 廡堂中周廊 膴厚也肥也 舞｜蹈又變弄也 鵡鸚｜能言之鳥 䳇古鵡字 潕山名 侮慢也戲弄

●語語海腔｜ ●出此彼之對也止也 呰短也苟且 妣仝上 訾量也 泚水清 茈生薑謂之｜薑

玼五色鮮也潔也 佌小也 拄支也掌也 訿相詆

•喜甫大也始也美稱也俌輔也俯曲也偩依象也府庫丨州府俛仝腑又與勉同黼黼黻繡斧形曰丨釜無足鼎鬴仝上

莆瑞草脯幹肉簠盛黍稷之器撫摹也又循也斧鉞丨撫摩也又循也父尊稱之也拊循也擊也腑臟丨

腐爛也又朽也簠宗廟盛黍稷之器

艍上去聲 句字韻

•柳○ •邊富多財

•求句文章之丨灸灼體療病 •去去海腔

•地注賭中錢丨 •頗○

•他○ •曾注眷注意所向也傳與剌同又置也剸插刀也恣縱肆漬滋也胾切肉註訓釋也

蛀食木蟲⿱翥虫飛蚉澍時雨鑄鎔金入範馵馬縣足也足過也⿱此手積也駐財丨胔骨枯曰骼肉腐曰丨

•入○ •時駟馬丨使將命者賜上予下者思意丨四倍二為丨

肆放也陳也亦鬻之也三古四字泗水名又鼻出曰丨笥竹器方曰丨也

•英污穢丨 •門○

•語〇　•出次|第也又亞也佽同佽佽便利也助也又代也及也厝|宅

•喜富厚也豐也財也付界也受也賦貢|稅|詩|兵||稟仅付本字仆踣跌倒倒斃赴趨也就也奔也訃喪告覆蓋也

副貳也佐也咐吩|

艍上入聲欱字韻

•柳踕|跛跛足行不進也　•邊窋將物出穴

•求欱飲聲　•去〇

•地拄以仗背地　•頗誘詆也吹|入去

•他〇　•曾〇

•入〇　•時〇

•英噔篋中鳴也嚐仝上　•門〇

•語〇　•出焠燒劍刀入水中以堅其聲

•喜〇

艍下平聲 ⿰巾句字韻

●柳 〇　●邊 鮑瓢也 炰置物火中

●求 ⿰巾句|縿小兒帽也又毡|縿 鏉捧也除去 毬毛|　●去 踘曲脛也

●地 廚庖也 廚仝上 蹰踟|行不進也 躕仝上　●頗 浮沉也不沉

●他 〇　●曾 慈心柔愛也 鶿鸕| 磁石可引針 瓷陶器堅緻 餈飯餅 糍仝上 茨茅屋積也 喌呼雞

●入 〇　●時 辭言|文|又不受也 詞言也文也頌也 祠廟也祭也 ⿰扌司鐮柄 嗣繼| 殊異也

殳杖也又兵器也 銖權十分黍之重也十黍為絫十絫為|

●英 盂飲器 盂仝上　●門 元古無字 亡即无字 無沒有 蕪|穢荒| 毋禁止詞也

巫祝者 誣詐也 ⿱罒無詈屬 譕誘詞

●語 牛耕田也　●出 玭病玉 疵病也 茈草名

●喜 扶|持 夫語詞 芙芙蓉花名 符|合 蚨青|蟲子母不相離 浮汎也濫也 鳧水鳥 蜉蟲名 芣|苢草名

枹擊鼓槌 咐噓也 颫大風 荷草名 涪水名州名 紨衣鮮潔淨 ⿰火尃|桑神木也在崑崙山東日所出之處今俗讀桑字

艍下上聲 夊字韻全韻與上上同

艍下去聲 舊字韻

●柳〇 ●邊毦禽伏蛋也婦媳｜

●求舊不新舅母｜妻｜唂鳥聲 ●去臼舂｜

●地〇 ●頗翺飛去

●他筯海腔 ●曾自由也己也親也用也舌小口

●入字文｜又撫也乳也又許嫁曰｜牸牝牛 ●時事奉也務也世也叓古事字士儒｜｜卒仕｜宦似嗣也相也

姒娣｜妯娌相呼之稱飤衣食食人俗作飼字佀同似俟大也待也涘水涯竢立而待之祀祭祀也又｜典耜耒耑刄也農具

飼以食食人食仝上飯也兕野牛禩仝祀嗣繼也

●英有無之對也 ●門務事務又專力於事也霧雲｜瞀低目騖亂駟鶩家鴨婺｜女星名

●語遇海腔相｜ ●出〇

●喜輔扶也助也佐也又頰顋也父｜母生我伏禽抱蛋傅師｜官名又牽合曰｜會媍老母負背負物也待也又背負也駙副也又｜馬官名

附依也鹿也益也 祔合食于先祖也又葬合也 阜大陸也盛也又師丨 婦女子已嫁曰丨 賻以財物助人喪事 鮒小魚 腐豆丨

艒下入聲全韻俱空音

28膠上平聲 膠字韻

●柳〇拉丨弓 ●邊巴蛇名州名 疤瘡痕 鈀兵器 豝牝豕

䶕齒不正也 笆籬巴 芭丨蕉 羓臘肉 吧丨呀小兒忿事又番國名 鯊丨鯰魚名

●求膠牛丨魚丨 交丨剪 吉丨貝即榴花也 尻丨脊骿 江丨燒海味 狡丨蝨即跳蝨也 甘丨棠木名 茭丨薦丨日 筊丨籠

筹丨著 袈丨裟僧衣 鉸丨衣服也 鵁丨鶄鳥名 鮫馬名丨魚 咬丨留吧 䐤睡也 ●去 腳足也又丨川毗

●地 乾不濕也 礁江中有石處又地名 ●頗 葩花兒 吧大言貌 胞即丨囊也 瞟目丨

●他〇 ●曾 查丨厶人

●入〇 ●時 些少也語詞 柵木名 尖同些少也 𡖋少也

●英 鵶鳥名 俹傲也 了木之長枝 亞優丨辭未定也 啞聲也又嘔丨小兒學語也又烏聲也 ●門 疤痕跡 腜肉丨

●語〇 ●出 嗏語詞 叉兩手相錯笄又屬又取也

●喜颬開口吐氣嘘口出暖氣

膠上上聲 絞字韻

●柳〇
●邊把執持握也飽食充滿也

●求絞繩索急纏曰｜疚疚｜腹中急痛
●去巧｜怪奇｜

●地〇
●頗⿺辶巴短貌

●他〇
●曾早｜晨先也

●入〇
●時〇

●英阿人名
●門〇

●語〇
●出炒煎｜乾熬㷅芻俱仝上

●喜⿰口閜大笑

膠上去聲 教字韻

●柳縿怐｜皃帽
●邊霸把也諸候之長也覇仝上伯亦仝上壩水名

豹虎名 弝弓弣中手執處 垻堰也 杷柄也 爸呼父 [扌霸]把也 [骨巴]刀丨 灞水名

●求教訓也 窖長丨也　●去扣擊也

●地罩捕魚具又覆也 [走⿱罒巴]跳躍 帳蚊丨　●頗怕畏懼 帕絹抹額為丨也 帊帛二匹曰丨也

●他奓推開　●曾〇

●入〇　●時〇

●英亞次也少也又姻亞 婭姻婭而婿相謂曰丨 俹丨倚也　●門〇

●語〇　●出侘丨傺失志 吒怒也 吒仝上 詫誘也誑也 鈔錢丨

●喜嚇笑聲 罅裂也孔丨 嘑咄啐之貌原仝呼 西覆也 孝居喪丨也

膠上入聲 甲字韻

●柳踏丨碓小舂　●邊〇

●求鉀盔甲 胛肩丨 袙繻也鎧也 教使令人也 甲十干之首科甲第名　●去籗取魚具 袷綁名布名

●地搭摸也拊也 [舟乇]就船 搨手打　●頗打擊也

●他 塔浮屠 ●曾 扠擊也

●入○ ●時○

●英 押簽｜｜韻 鴨家禽 ●門 肉皮｜

●語○ ●出 唒多言 挿插花

●喜 咸大笑

膠下平聲○字韻

●柳 嚨喉｜ 攏壅｜｜開 熮火｜爺 磟｜碡平內器也 蜊｜仔蚌｜ 蟧｜蝺蜘蛛之類 膋豬油 鯪鯉｜

●邊○ 爬搔也 杷｜扒拱把 琶琵｜胡琴 筢五齒｜用以去草也 䰾｜魹魚名

●求○ ●去○

●地 焦傷於火也 ●頗○

●他○ ●曾○

●入○ ●時○

•英〇

•門媌娥|靡曼也閩人呼妓為|麻|痹|瘋蝥盤|即班貓也貓山獸

•語〇

•出查考|材棺|柴薪也

•喜繕束物

膠下上聲絞字韻全韻與上上同

膠下去聲齩字韻

•柳懌心亂眼曝|撈沉取也攋擊物之名

•邊罷休也已也廢也黜也

•求齩齧也

•去〇

•地〇

•頗皱|皺

•他〇

•曾〇

•入〇

•時〇

•英諾承顏之詞

•門咨合|皅色變也盼紛紛||

•語鬖亂也

•出〇

•喜 嚇 笑聲

膠下入聲 ○字韻

•柳 蠟 丨燭蜂丨 爉 丨肉 獵 打丨

•邊○

•求○

•去 癁 瘸丨

•地 踏 踐丨

•頗○

•他 匒 丨重疊也

•曾 閘 閉城門其丨日以版有所蔽也 牐 仝上 截 丨斷

•入○

•時 煠 湯丨物也

•英 匣 匱也箱也

•門○

•語○

•出○

•喜 緒 束物

29居上平聲 居字韻

•柳 飀 風丨

● 邊

悲 側也痛也 卑 下也賤也 早 俗上 埤 汙下也 碑 監石記功德者 裨 補也附也助也 陂 澤也障也 屄 戶陰

● 求

居 上也處也安也坐也 ⿰土幾 誚也問也諫也 饑 餓也穀也熟也 基 業也止也木也 乩 卜以問疑 磯 磧也又平石丨地名 譏 誚也問也諫也 畿 天子環內地方

供 借也皆也且也又姓 倚 丨魁之行 朞 復其時日一周年也 姬 婦人美稱又姓 ⿰亶刂 把也水斗曰丨 僟 精符也又近也 飢 古饑字 機 丨變也丨密也

車 輿輪總名也 幾 危也微也尚也期也庶丨近也 璣 璿丨玉衡舜察天文之器 ⿸尸立 仝居 琚 佩玉也 裾 後衣也 椐 名木 ⿰貝居 賣也貯也

期 朞仝 箕 丨帚 錤 鎡丨 竒 丨也 罵 馬路頭也 涺 水名 枝 草木曰枝

● 去

欺 詐也陵也 駒 馬小曰丨 倛 蒙丨也又方相 祛 禳也却也遣也 佉 同祛 拘 止也執也 區 類也分也 ⿰貝區 體也 袪 袖口又舉衣也

樞 挈衣也又深也 犄 牛名 蹊 丨蹺 敺 逐也 僛 醉舞貌 驅 馬馳也第馬也逐也 敧 不正也持去也 痀 佝僂曲脊

⿰骨區 身體肌丨 劬 勞病苦病 駒 馬三歲也 摳 挈衣便蹟步也 嶇 崎丨山路不平也

● 地

邾 國名 姝 美兒 知 覺也喻也止也 株 木根在土上者 猪 豕也 誅 責也殺也 蜘 丨蛛 豬 仝猪

● 頗

丕 大也 坏 未燒瓦器 伾 有力也又眾也 秠 黍即牛麥也 呸 相爭之聲 邳 地名 蚽 蟲名 豾 貍之子也 駓 馬黃白又雜色

披 開也荷衣分也 帔 柀也 ⿺毛皮 毛也 披 手擊之也推也轉也示也 砒 丨霜 坯 仝坏

● 他

絺 葛布之精 笞 擊也 樞 門丨 樗 木名 攄 舒也 ⿰米㐌 粘鳥者 銖 五丨錢 摴 丨蒱擲以戲者

●曾之出也往也又語助詞諸之也眾也凡也芝瑞草巵飲酒器枝｜科荔｜肢體｜支度也分也｜持｜理也脂胭｜又｜膏油也

鳷鳥名瀦水所停者徐女人陰名[illegible]耕也梔黃｜

●入〇 ●時施用也加也設也又姓也胥皆也相也助也㐌古文施字偦疏也屍在床曰｜鳲鳥名尸陳也立也又仝屍字

蓍蓍屬用之以筮湑露兒糈糧也需須也索也鬚毛在口下須待也意所欲又面毛湏音誨俗作須字悞也鷥鷺｜絲蠶所吐者

蕬菟｜藥名鬚仝鬚諝有才智之稱也詩志發於言為詩紓緩也輸納｜｜贏捉取水具也渝水名舒舒也展也緩也散也

書紀也者也文也寫也濡沾也楈木名可作犁柄

●英伊維也彼也語詞又姓也依憑也附也倚也｜稀也丷佛書伊字肙歸也㥋念痛聲淤泥也衣依也身所依也於語詞又即也居也

洢水名椅木名吚呷也咿強笑也漪水文又又同兮旖｜旋旎舒兒又雲兒醫治病者毉仝上扵俗於字

譩忿也痛聲欹嘆詞也又語詞鷖水鳥即鷗也欹歎美之詞于語詞繄發語詞也又是也為也 ●門迷隱身也

●語吴笑也 ●出睢陽｜縣名且薦也語詞促同疑癡不慧疽癰｜狙猿屬又｜詐謂同人之間隙也沮水名

蛆蟲名苴麻無子者砠土｜戴石頣頷也菹淹菜為之又澤生草曰｜雎水鳥雌母鳥鴡鶚｜惡鳥雛鳥子

趨疾行嗤笑也媸醜也差次也參｜瓻酒器嵯參｜[illegible]小陽蚩蟲也又愚又｜尤胆蠅乳肉中之｜

趄 行不進也 踟 丨躇不進之皃

● 喜 禧 福也吉也 俙 依丨仿佛 僖 樂也 嘻 丨噫歎聲 嬉 賦也遊也 熹 炙也熾也 熺 仝上 譆 痛而呼之言也 希 散也步也望也

歙 歔也 晞 乾也 稀 疏也少也 郗 骨節間也 嘘 吹丨吹氣寒丨氣溫 巇 山相對而危險 嘘 山路 于 仝盱

仔 憂也 盱 日始出也 吁 嘆也又疑怪聲 墟 丘也故城今城市也 歔 相笑 盱 張目望也 訏 大也誇也

羲 伏丨氏 犧 牲毛純而不雜 熙 廣也光也興也燥也 昫 溫也 虛 空也聲也 曦 日光 㕧 貪者欲食 屎 殿丨愁苦呻吟聲也

噫 恨也 歔 欷悲泣氣咽而抽息

居上上聲 己字韻

● 柳 里 鄉丨鄰丨又路程 俚 聊也鄙也 裏 內也 裡 仝上 鯉 魚名 娌 兄弟之妻曰妯丨 旅 眾也陳也客也軍也 祣 祭山川名 膂 脊骨 屢 頻數也

褸 襤丨 縷 覼丨委曲也又藍丨 李 果名又行丨又姓 女 未嫁曰女 履 足所依也禮也踐也拘也又福也祿也 理 治也正也又料丨文丨義丨 邐 丨迤行見又連接也又因循也

汝 丨我之稱

● 邊 彼 對此之稱 佊 邪也 仳 離別 比 竝也 秕 不成粟也 粃 不成穀也 狴 丨犴牢獄 妣 歿也父曰考母曰丨 匕 取飯具又丨首

● 求 己 身也私也自也 圮 覆也毀也 杞 丨梆枸丨 机 木名 莒 草名國名 紀 維也記也繼也 几 凴坐也又案也 筥 竹器員也

蟣 蝨名　麂 鹿子　舉 扛也挈也稱也拔也揚也又皆也　矩 方也法也常也　幾 ｜何｜多又無｜

● 去

起 興也作也立也發也　豈 非然之詞安也專也　企 舉足兩行　萱 菜名　芑 白粱之粟也又曰草名　綺 繒也細綾　齒 牙｜

● 地

氏 至也　傂 傂｜不齊　抵 擠也觸也至也當也大｜又大九也　底 下也致也定也器醫　底 厲名　呧 阿｜毀也　弤 彫弓

軝 大車後又輪也　邸 旅次之舍　詆 訶也訐也　砥 磨石也又平也　觝 觸也　祇 適也但也　豸 無足蟲　⿰扌底 與抵同

● 頗

嚭 大也　噽 仝上　否 塞也不善　痞 腹結病　鄙 陋也薄也又邊｜也都｜　啚 仝上　庀 治也具也　疕 瘡上甲

⿰口皮 器破而未離也

● 他

佇 久也　⿰亻守 見釋典　宁 辨積物也開屏之間　羜 未成羊也　苧 草可為繩　紵 草名可緝以織布也　抒 挹也除也　杼 持緯梭也

貯 積也居也盛也　恥 慙也辱也　耻 俗恥字　竚 久立也又企也　褫 套也鮮也

● 曾

止 停也已也靜也留也居也又語詞　址 基｜　沚 小渚　芷 香草　旨 美味也意向也　指 手指又埽趣也示也斥｜又｜點｜摩也　祉 福也喜也

趾 足｜　茝 仝芷蘭｜　枳 似桔而有刺者　褚 棉絮不衣也又藏也又姓也　拄 掌也　只 起語詞　紫 赤色　軹 轂未也又歧也

咫 八寸曰｜　紙 楮也用以書字　朩 止也　姊 女兄　笫 牀簀　楮 木名皮可為紙　入 從後至也　紙　帋 俱仝紙字

煮 烹也　渚 小洲曰｜　麈 麋也｜尾　黹 鍼｜刺綉俗作針指　⿰臣言 許也

● 入 乳(汁也育也) 汝(水名也又爾丨也) 女(仝上) 尔(汝也語詞) 尒(俗爾字) 爾(汝也近也語詞) 璽(至尊之印) 耳(司听者又語詞)

邇(近也) 迩(仝上) 禰(親廟) 湑(釃酒也又盛皃) 珥(珥也) 庾(量名也) 緝(丨丨轡盛) 駬(騄丨駿丨)

醑(美酒) 茹(乾菜也美也啜也納也又食也) 瘉(病瘳) 窳(器中空也) 窳(獺也) 愈(勝也賢也病瘳也) 瘐(因飢寒而死曰丨)

● 時 始(初也) 暑(熱也) 乨(初也) 偦(有才智也) 偵(姓也) ⿰亻囟(小皃) 枲(蔴有子者) 徙(遷移也) 蹝(履也)

屣(仝上) 蓰(五倍曰丨) ⿱徙女(小舞皃) ⿰革徙(革履) 屎(糞也) 葸(畏懼) 黍(粟屬) 豕(豬總名) 矢(箭也誓也直也) 弛(弓解去弦釋也廢弛) 死(不活也)

● 英 以(用也為也) 㠯(仝上) 与(古與字) 偊(丨丨行皃又曲躬也) 倚(依也恃也偏側又姓) 予(賜也與同) 也(與迤同) 迆(邪行)

苢(芣丨) 依(斧丨狀如屏風) 雨(水蒸為雲降為雨) 偯(哭餘聲) 傴(丨僂不申) 禹(夏王號) 寓(仝上) 已(止也畢也此也甚也訖也語終詞)

與(党丨施丨又及也許也受也) 苡(丨仁可食) 瑀(玉似石) 楀(木名) 宇(天地四方曰丨又屋四垂也) 椅(坐凳) 掎(偏引也) ⿰亻與(謹也倚也)

羽(禽毛) 庡(徘徊也) 鄅(國名) 扆(屏也) 噢(丨咻痛吟之聲)

● 門 米(穀寔又姓) 敉(撫也) 侎(仝上) 眯(物入目中) 弭(止也滅也) 亹(丨丨不倦之意又美也) 彌(止也) 尾(首丨) 哶(俗作羊鳴)

芈(羊鳴也又楚姓) 美(嘉也好也甘也) 媺(仝上) 靡(丨曼美色也又麗披丨順也偃也無也)

● 語 圉(丨人掌養馬者又邊陲也) 俁(大也) ⿰亻圉(仝上) 語(答述也論難也) 麌(麌鹿相丨眾也) 擬(像也議也揣度以待也) 儗(僭也死也) 薿(茂也)

圄 囹丨拘囚 歆 樂器 檥 泊舟曰丨 蟻 螻丨 艤 整舟向岸 禦 此也杆也 籞 禁苑也又江中編竹籬以養魚

● 出 取 索也求也 侈 奢也泰也長大也 㑮 傂丨不齊 杵 臼丨砧丨 處 居也止也又區丨 処 古處字 處 俗仝上 齒 牙丨 鼠 善竊蟲

癙 憂病也

● 喜 喜 欣悅也 蟢 蟲名 許 約與之也可也容也進也又姓 訏 大也 栩 木名 詡 大言 煦 和也蘊也 踽 丨丨無所親也

居上去聲 記字韻

● 柳 列 割也

● 邊 庇 屋宇之蔭 芘 草木之蔭 泌 水流 秘 俗祕字 祕 密也藏也 毖 勞也謹也 苾 香也

閟 閉也深也 飶 食香 怭 有威儀也又丨丨媟嫚也 駜 馬飽而肥 費 魯邑也 臂 肱也 畀 付與也 閉 闔門也俺也塞也

賁 飾也又丨然光**彩又來之疾也** 嬖 愛也賤而得幸也 渒 俗淠 貱 益也移子 淠 舟行兒又動也 痹 腳令膝病氣不通也 轡 馬鞭

畀 付與也 贅 因惡也 皮 劈麻苧丨頭也又丨縷不伸也

● 求 記 誌也 侶 不傲不遜 据 手病 鋸 刀丨 踞 蹲丨箕丨又遽物而坐也 瞿 驚也 蘧 自得又姓 𧹞 質錢也 遽 窘也急卒

籧 丨篨竹蓆 據 依也援也按也持也據守也 冀 欲也望也 驥 千里馬 寄 寓也付託 穊 凋密也 羇 旅寄也 羈 馬格頭也又檢也

既小食也盡也已也 屨草履 薊木也州名 句文詞止處 痣面黑子也

●去 去人相遠也離也 厺去本字 亟急也數也 企举踵而望 ⿱人足古文企字 跂垂足坐举足望也 契合也憂也苦也 氣元丨急也

炁仝上 气雲丨 棄捐也皆也 揭寒裳涉水也 憩 憇息也 愒仝上 器丨皿 噐仝上 弃古棄字

●地 致極也趣也使之至也 緻密也精也 智心有所知也明也 知仝上 置設也安也措也棄也又建也 觶酒器又罰爵也 貿以財貿也

寘廢也 著明也章也又丨作

●頗 俾丨倪不正視之 睥丨睨旁視 譬匹而論之 辟仝上 屁氣不泄也 ⿱穴氣仝上

●他 翅翼也不丨猶不啻也 ⿰忄疐忿也 疐頓也疑也 ⿰鼻疐鼻氣噴 ⿰氵⿱豊心滤丨音不合也 剃丨鬚髮也

●曾 志心之所之也記也 忮狠也啎也 忮仝上 ⿱㞢心志本字 誌記也 輊車之覆而前也 痣黑子 至到也極也 抧開也

質物相丨當 躓礙也跲也 製雨也衣也今為丨造字 摯握也辟也 幟旂旛也 贄執丨男丨大者玉帛小者禽鳥女丨不遇榛栗 鷙猛擊鳥丸鳥之勇獸之猛曰

制節也裁也斷也造也法禁也又天子之言曰丨 沮丨漸浸溼之也 ●入〇

●時 世丨代 卋仝上三十年也 貰貸也賒也怒也 勢丨力威丨權丨形丨又外習也 ⿰扌花手把 弒下殺上也 恕以己体仁曰丨

絮布也幣也綿也 庶眾也多也冀也幸也近也嫡丨 四數名 試用也嘗也探也 施布也散也惠也與也

●英 意志也心所向也 鷾燕也 噫痛聲 䖈｜費猶依稀也 伿惰也 瘀血壅痛也 瘞埋也藏也 医盛弓弩矢器也

矣語已詞又決詞 飫厭也飽也 䬸飽也燕食 曀陰雨風也 殪殺也死也 薏蓮心也又｜苢 饐飯傷熱溫之也 懿專久而美也溫柔克聖也

豷豕息也 瞖眼疾 翳蔽也又羽葆也 衣衣著也 雨自上而下曰｜ 𧷏亦也掩拏

●門〇 ●語〇

●出 娶｜婦 取上仝 佁｜儗不前 傺止也 切眾也大凡 砌階甃 磜階｜ 朿木芒 刺諷｜譏切也譏也又書字於奏白曰｜

莿草名針也 鯯魚名 趣意｜又向也督迫也 熾火盛 饎酒食 糦上仝 處所也 翅翼也 試甞也

●喜 肺金藏 呬靜也 愾怒｜ 咥笑也 忥癡也 戲嬉也弄也歌也又｜｜謔也 戱上仝 覷伺視

䣱 䤁 酗醉怒也 餼饋客生食及芻米也 屭作力字又壯大 呴氣以溫之也泉涸魚相｜以溫

居上入聲 檗字韻

●柳 皵｜皮 ●邊 撆引也[illegible]也 鼈介蟲

●求 檗｜牆 砌｜砱 嗶鳴也 ●去 缺不圓全也

●地 滴瀝下也 ●頗〇

●他鐵黑金 ●曾摺折也疊也拗也接承也迎也嚱蟲聲廊瘷丨

●入〇 ●時⿰口悉丨丨哦哦顫手丨不定洩雷日丨炤⿰女曳丨嫂不貞正也⿰礻世祭丨蟋丨蟀蟲名薛姓也

●英〇 ●門〇

●語〇 ●出頣頭丨下者

●喜唲丨丨笑也

居下平聲其字韻

●柳离明也麗也猛獸也離近別也漓淋丨⿰礻离福祥蘺草名褵婦人之幃又衣帶也鸝倉庚即曰黃丨縭委也帶也䍦接丨白帽

篱紙丨竹杓璃瑠丨玻丨氂理也又毫也螭龍類醨薄酒⿰忄离忮丨多端籬竹籬莉茉丨花名蜊蛤丨

麗高丨番國驪馬純黑色驢馬類長耳馿仝上廬寄也舍也蔞丨葶瘻痀丨曲眷漦涎水厘分丨裡上聲

貍狐丨狸仝上閭裡門魑鬼名罹遭也罥也黎黑水蘆茹染紅俚語丨鄙語嫠寡婦簾門丨

●邊枇丨杷琵丨琶毗厚也輔也埤附也增也裨偏將鼙騎上鼓貔猛獸脾土藏也主化穀陴域上小女牆也

●求其指物之詞亓古其字亝參差也俟萬丨復姓伎與跂仝又指也期作也會也限也約也倮呼彼之稱萁豆幹祺喜也

淇水名 萁蟚蟲似蟹而小 畸仝畸人殘田也 騏馬青黑色 麒｜麟 琪東方美玉 碕曲岸頭 畸｜零又殘田也

歧｜路又麥秀兩｜ 綦蒼文色 綨仝上 鵸小鳩 崎｜嶇 祈禱也｜求福也 圻仝畿地千里者 竒詭也異也 奇俗仝上

琦玉名又大 錡三足斧 岐山名又路｜道旁出 祇池神又安也人也 剞｜劂曲刀 踦｜足 技藝也巧也 妓女樂 祁大也眾也舒遲也

蕖浮｜荷花間也 蚑虫行皃又蠨蛸別名 沂水名 芪藥名 劬勤也又瘦勞也 衢街道也四達也 渠溝也大也又俗呼他人為｜濃 衹仝祇

疷滯病 蘧｜｜自得又｜麥也 蘄州名又薛也 亓下棋以薦物者又古文其字 旂交龍為｜ 旗仝上｜織 磲陳｜ 鰭魚脊

瞿姓也 鸜｜鴿別其舌端可教言語 氍｜覦毛席 癯瘠也 臞少肉也 璩環也 耆｜老 頎長允 跂足多指也

鴝｜鴿鳥名 棋 碁 棊象｜惟｜俱仝｜

• 去

騎跨馬也 蜞蟚｜

• 地

池沼也又姓 馳疾驅 訑拒人 傂｜仳｜武 ⿰亻屖委｜漸卑迆也 儲副也躬也又姓 ⿰亻卸行也 滁州名 泜著止也

乿理也 除階也去也又官名 篨籧｜竹聲又口柔也 坻小渚也 胝睡也皮厚 持執也 墀階上地 蚳螘子即蟻蛇蜉之小

遲徐行也久也緩也 篪樂器 躇躊躇猶豫又住足也 踟｜躕行不進也 ⿰屖刂淩｜ 虒獸名似虎

• 頗

皮膚皮 疲勞力也乏也又倦也 詖除｜不平之言 罷仝疲 羆猛獸 ⿰木毘相連籓木

● 他 鋤 去穢草也又除去也又田器也 苔 青丨 啼 吼也 雉 丨雞

● 曾 薯 芋丨 糍 丨餜 蠩 蟚丨

● 入 如 似也然也 伽 均也 侞 眾名 俞 仝俞字 嚅 咠丨多言 兪 然也空水為舟也浴也又姓也 儒 學者之稱 濡 丨滯沾丨

繻 短衣 孺 稚也 洏 漣丨涕流 而 承上啟下之詞也又汝也 袻 衣不展也 醹 酒厚也 胹 煑也爛也 臾 須丨俄頃 萸 菜丨

腴 腹下也又肥田稱膏腴也 諛 諂也 兒 嬰兒 児 仝上 瑜 美玉 瘉 病也 楡 白粉也落英也錢又桑丨晚也 逾 過也越也

踰 仝上 渝 變也 艈 舟名 褕 翟羽飾衣

揄 引也抒也又一楊譽言也 袽 絮縕所以塞丹者 洳 沮不溫之意 傿 侏丨短小之人 ⿰子焉 侏丨短小之人仝上 覦 覬丨欲得 歈 巴丨歌也又廞丨

窬 穿木白也又丨牆也 毹 氍丨氈毯之屬 茹 相引兒又芽根也 楰 木名

● 時 時 四時是也伺也又姓也 峕 古時 蒔 種也 鰣 魚名 匙 茶丨 提 朱丨縣名出銀之處 畤 鑿坦而棲鷄者 蜍 蟾丨

蠩 仝上 辭 不受也不赴也

● 英 于 於也往也又姓 予 我也 侇 儕也等也 ⿰彳夷 行乎易也 蛦 蟬類 余 語之舒也我也又姓 輿 車底也美也又堪丨 玗 似玉

竽 樂器 芋 大也 杅 浴器 譽 稱人之美又樂也 旟 旂書鳥準者曰丨 妤 婕丨婦官 畬 二歲田也 睮 仝上 餘 殘也賸也

詒遺也又贈言也 姨母妻之姊妹曰｜ 璵璠｜寶玉 轝轎曰肩｜ 台我也 怡悅樂遺地 移易也徙也未相依也 峓嵎｜東表之地

咦大呼 飴錫餹 跠蹲踞也 貽戾也｜貺 匜洗手器有柄可注水 酏薄粥也又酒也 蛇委｜ 虵即委｜字 痍瘡也傷也

扅門閂 彝宗廟常器池也常也 宧室在東北隅也 圯橋也 瓵甂｜ 亐古文于字 伃同好 徵｜｜狐狸之聲

雩祈雨也祭名曰｜ 佗委｜ 頤頷也養也 ⿰貝昏遺也況也 愉顏色和也 歟疑也也又嘆詞也

欤 與俱仝上 夷傷也威也芟也易也平也四｜

● 門

薇菜名又薔｜花名 眉目上毛 ⿱仌眉仝上 楣門上橫樑 嵋峨｜山名 彌弛弓又也甚也偏地 瀰渺｜水盛又滿也 湄水際

堳壇埒 郿地名 微細也少也衰也眇也賤也無也非也隱也 醿酴｜重酒也 蘼荼｜花名 麋鹿也 劘分也 弥仝彌

糜粥也又爛也 獼｜猴 瀓｜浽 縻繫也 蘪草從水生曰｜又｜蕪蘄止也 ⿱罒廾呼鴨聲

● 語

儀正也禮也威｜ ⿰馬虞騶｜ 娛娛樂 ⿱从从古虞字 宜仝下 宐適理也又當也 漁捕魚也侵取也 魚鱗類 愚戇也

隅陬也廉棱也 腢肩頭 嵎｜峓日出之處 疑惑也恐也嫌也似也 嶷九｜山名 虞樂也思也安也測也又姓 杫｜杷

● 出

徐緩也安行也又姓 伹拙也 徐同徐

● 喜

魚水族之名也

居下上聲 巳字韻全韻與上上同

居下去聲 具字韻

●柳 利宜也通也銛也順也吉也益也財|又姓 例比也類也槩也凡| 侶徒也伴也朋也 呂律|又長也又姓 俐伶| 痢瀉疾也 㾐瘡也

莅臨也 涖仝上 離漸相遠也 詈旁罵 慮憂也謀思 濾漉去滓也 鑢磨錯之器 栵木横生者 哩語詞

臽陷也 梠橘|楯也 浰疾流也 棣木名皮可為紙 吏治人者又書|官|

●邊 陛帝殿之階級也殿也 婢女| 庳國名 埤舊百畝也 糒糗|乾飯 比及也連也黨也輔也 弊敗也惡也姦敗也 紕組織

避違也迯也 辟仝上 敝敗衣 被覆也罩及也蒙被也 獘困也死也敗壞也 斃仝上 偹俗偹字 備仝上 幣帛也財也

備具也足也防也預辨 俾便也從也職也益也 俾仝上 薜|荔香草 濞水暴至也 奰怒也壮也 贔|屭牝力皃又湘龜

痺足氣不至也俗所謂脚冷濕病 髲首飾之被 佊|褰開脚行步也

●求 具備也辨也又器|也 昪偕也具也 偈武皃又|句釋氏詩詞也 伎侶也伎倆 颶海中大風也 懼 惧 愳恐也仝上說也

忌畏也憚也嫉也又忌諱也 跽長跪 技巧也藝也方術 洎及也 妓女樂 芰水栗 巨大也 拒御也抵也

距鉤| 炬東蘆燒之 詎知也未詞 鉅大也因也 惎 惧 忎教也毒也俱|理 㤂敬也

• 去 柹果名 栜柹本字

• 地 治政理也 乿仝上 值遇也當也 偫待也又与待同具也 儌會物也 雉野雞也城三諸｜ ⿰亻時供｜具也 穉 稺 稚幼也俱仝

薙芟艸僧家落髮曰 滯凝也淹也 痔後病也又隱瘡也 㿃久痢 ⿰貝待蓄財也 ⿰貝寺仝上 箸飯具 筯仝上 彘豕也 畤｜儲也

• 頗 被寢衣所以蓋體禦寒

• 他 ○ • 曾 住停也止也立也居也 ⿰亻取促也 柱楹也 炷火｜爐所者也 跓停足勇足 駐馬立也 巳辰名

舐以舌取物食也 聚會也眾也又｜斂 祖襯起也 • 入 二數也兩也 弍古字 佴次也副也即貳也 貳不一也副也在也往也疑也

樲｜棘乃東也 ⿰亻貳副益也 膩肥｜ ⿰虫耳仝餌釣魚食者 珥瑱也一名具璫珠在耳者 諭告也譬也曉也 餌釣陷魚者 裕饒也寬也

喻仝諭 裋豎使布名襦也｜褐 字文｜

• 時 是正｜此也非｜反｜ 侍近也從也承也 侸 ⿰亻壴俱仝上 ⿰予予封山無草木其下多水其中多垣之魚 示告也教也垂｜也 視瞻也效也比也 畤天地五常所基止祭

寺司也浮屠所居曰｜又閹人曰｜人 敘陳也述也用也次第 墅田廬也村也圃也 緒絲耑也又基｜統系 序東也牆也別也又次｜也又庠｜ 謚烈也行之跡也 逝往也去也亡也

峙峻｜山屹立也 豎立也直也又為僮僕未冠之稱也 昰古文是字 諟种也審也 恃怙也賴也 庤儲置屋下 蒔種也 嶼山任水中 鱮魚名 藇美也

氏姓｜ 筮卜｜ 噬齧也 嗜好也欲也 諡謚仝 豎仝豎字 誓約信 署害也官舍 樹植木揔名 ⿰亻豎仝豎又姓 曙旦也曉也

●英 異尤也怪也 廙抴也明也 傷輕也慢也 易不難 佌也移 預仝豫又及也千也又參丨 庛庋謂之丨 泄丨丨多人

异古異字 勩勞也 忬仝豫 豫悅也逸也安也早也又猶丨也 芓土果 澦水名 與干丨 洩舒散也 譽聲丨樂也又與豫也

曳徐也引也牽也 肄習也勞也又嫩條也 㣯所以合版丨縫也 裔衣裾也未㖡後嗣也苗丨種類也

●門 未已之對也又辰名 味滋丨 寐寢也臥也息也睐也 謎隱語

●語 寓寄也托也 𠰷笑也 庽仝上寓 語以言告人 馭使馬 詓仝義 誼俗同上 議語也誣也謀也讁也 義誼也又與利反

毅剛丨果敢也強忍也 禦待也撫也統也進也幸也理也又至尊也 遇逢也待也合也不期而會也 劓刑戮其鼻

●出 市買賣之所又九交關皆曰丨 飼與之食也 ●喜 耳司聽者

居下入聲 ○字韻

●柳 裂衣破也 ●邊 蹓跌倒聲

●求 ○ ●去 臞瘦也

●地 碟丨盤 ●頗 ○

●他 怢不分離也 ●曾 舌別味 擳折也

•入廿二十幷也廿仝上　•時蝕虧也

•英脏豬｜亦作豬臆也　•門篾剖竹為｜

•語〇　•出蠘百稜鋸蟹

•喜〇

30 ㄐ上平聲 ㄐ字韻

•柳鰍泥｜魚｜　•邊彪虎文又小虎也曰｜滮水流髟髮長垂也亦音標

•求ㄐ想糾繚也㽱｜絞腹中急痛繆絞｜

•去丘｜墼又姓丠仝上蚯｜蚓恘聚也𪀦聚也鳥名樛木枝曲垂坵犬也聚也虯龍子有角曰｜無角曰虯

•地丟去不還也又｜下也　•頗〇

•他抽引也拔也娌心動瘳病瘉紬緒也鐰也抽引其端緒也　•曾舟船也侜有壅敝也又張也譸多言輈車前曲木正飾衡者方曰｜

啁小鳥群｜迫急之聲週迴也周｜密｜匝｜偹｜遍｜濟又姓賙賑贍州｜府盩水曲啾｜｜水聲洲水中高地可居者譸張狂也

•入〇　•時修｜整｜理｜葺脩脯也束｜又長也攸縣名長沙收｜拾｜斂推｜羞進也恥也又饈膳也

●英憂愁也患也優饒也又丨游劣娼丨耰覆種攸所也悠遠也幽深杳也暗也呦鹿鳴麀牝鹿滺水流

●門〇 ●語〇

●出秋金行之時又熟也穐古秋龝秋本字楸木名湫水名鞦丨韆懸繩戲也鶖鳥名鰌魚名

鰍泥丨魚名即仝上揪手丨鬢口丨鑐鎖丨

●喜休美也息也庥庇廕不夫丨鵻也亦作鳩梟咻讙也貅猛獸鵂鳥名烋美也和也

丩上上聲 夂字韻

●柳桞術名又姓栁桞本字抑捫也炯花炮之屬飀風緒紐結也扭手丨杻即鼻杻侏鈕丨子

狃狎習罶笱也霤中官之神澑水下丨也 ●邊〇

●求夂長名九數名俗毀也玖石次韭丨菜糾絞也督也赳武也雉姓也糺仝糾又三股繩

●去搝手舉也醜麵丨面醜 ●地〇

●頗〇 ●他丑辰名

●曾酒儀狄作酒又杜康作秋酒帚掃丨𧳜獸名守所以固物又丨更

•入 蹂|踏 揉矯| 糅雜也 煣以火屈伸木也 厹獸足著地處也 内仝上

•時 守主|攻| 首頭也先也 𦣻古首字 手足|心| 糔為稻粉|溲之以為醜也

•英 友朋| 叐上仝 酉辰名 有無之對也又姓 丣闔口為|日入時也 佑佐助也 莠狗尾草 誘引|

羑地名 卣咸爵鬯尊也 槱積柴燎以祭天 懮憂愁 ⿰言盾誘導也相勸動也 牖以木交櫺之窓又向也開明也

•門○

•語○

•出 ⿰⿱亼丑刂姓也 醜惡也眾也 手一足 首|飾 贖用價取回

•喜 朽木|腐也 ⿰歹丂腐也

ㄐ上去聲 救字韻

•柳 溜水|下也

•邊○

•求 救|護拯| 梂仝上 究|竟窮| 灸體病灼瘵 疚久病 廄馬舍 廐俗廄

•去 ⿺辶延跛行 ⿰足丘行貌行也

•地 晝日中 咮鳥喙 ⿰彳州行也

•頗○

•他○

•曾 咒法語|咀 僽僝|惡言詈也 蛀食木蟲

•入○

•時 秀|茂|才 琇|瑩美石 宿星宿 守巡|太|

狩 冬獵曰| 獸 走| 繡 刺| 綉 刺| 鏥 鐵衣 上 首 出|又頭向也

•英 幼 小也弱也 幼 仝上

•門○

•語○

•出○ 㑇 姤也 臭 香也惡氣 㲃 結砌也 湫 |倸

•喜 仆 頓也 齅 以臭收氣 嗅 鼻察氣也 栱 熬米麥也

丩上入聲 ○字韻全韻俱空音

丩下平聲 求字韻

•柳 流 水行 硫 |黃 鎏 |金 瑠 |璃 榴 住也止也 遛 不進也 瘤 肉起贅肉 鶹 鳥名 騮 驊| 劉 剎也又姓 瀏 水清貌

磂 仝硫 琉 仝瑠 鎏 垂玉也 駵 赤馬黑鬣曰| 懰 烈也又|慄傷悲又上聲

•邊○

•求 求 索也乞也 俅 冠飾 捄 長貌曲貌 九 國名 仇 匹也又儲也又姓 逑 聚也合也匹也 球 美玉 絿 緩也

毬 毛|戲| 裘 皮|又姓 賕 以財枉法相謝也 觩 長貌又角上曲貌 厹 三隅予 紈 引急 虯 無角龍 虬 仝上

鼽 寒氣以窒鼻也 銶 鑿屬

•去 球 |名琉國 趜 足不伸也

•地 紬 |緞 綢 |繆 稠 |密 裯 單被 惆 |悵也悲秋也 疇 治耕之田又類也 儔 |類 躊 |躇猶豫 籌 投壺矢又更|酒|又質也

•頗○

•他○

●曾○　●入柔｜順｜弱渘水名鰇魚名猱猿類揉以手捉也腬｜腰又面色和柔之

●時疇｜獻酬仝上酧仝上犨牛色讎｜執詶以言容之曰｜又仝呪也囚拘也罪也泅浮水上行

酋酒熟也｜長也售賣物也償也浮浮行水上古盛以為汲魗惡也棄也鯈古人名又音由魚名遒迫也健也聚也

●英攸姓也游順流而下又姓偤待也猶若也謀也又｜豫不決尤過也怨也甚也又姓蝤蟹類斿旌旐之末垂也

輶輕也由從也因｜繇仝上油脂也揔名｜又｜膩遊遨遊蝣蜉｜箬竹名卣盛爵罍尊逌笑也

陲驛也訧罪也過也肬贅肉也甹木生條也蕕臭草

●門繆綢｜纏綿　●語○

●出詶以言答之　●喜○

丩下上聲 夂字韻 全韻與上上同

丩下去聲 舊字韻

●柳膈重温玩鰡魚名　●邊○

●求舊故也不新臼舂｜咎愆也過也柩棺｜匶仝上舅母與妻之兄弟賢曰｜　●去○

•地 胄胤也嗣也 伷仝上 冑甲冑介冑 稩稻寋 酎醇酒 紂馬緧 籒篆文 宙往古來今曰宙

䐗小腹痛也腿後曰| 繇卜有兆詞筮有占詞皆曰|

•頗〇

•他〇

•曾 就即也成也 僦積也顧也 鷲大鵰

•入 迫走也

•時 壽年豊 綬印| 授與也 岫山有穴也 袖衣袂 受承也容也取也

•英 右左右 又再也 囿有牆苑 宥寬也 佑仝祐字又佐助也 栯李|服之令人不建 祐神助 有又也復也

鼬野鼠 狖獸名 賄財也又贈送也 褎袖也又名笑皃 柚果名 侑耦也配也與姷同又勸食也

•門 謬詐也差悞也妄言也 繆戾也

•語 ⿱高飛高飛也

•出 樹|木 楊|梅果名

•喜 復重也再也

丩下入聲〇字韻全韻俱空音

卷六終

彙集雅俗通十五音

卷七字母

更褌茄梔薑

驚官鋼伽閒

更褌茄梔薑 驚官鋼伽閒鼻音泰腔

31 更上平聲 更字韻

● 柳 嫎姑｜ 葶芼｜花 ● 邊 拼｜開

● 求 更守｜ 庚十干名 耕｜田 羹菜｜ 經帽｜絃｜又織｜

● 去 坑山｜ ● 地 撜｜開 瞠｜目直視 骪脚後｜

● 頗 掤｜除也 ● 他 撐｜船

● 曾 争奪也 ● 入 〇

● 時 生產也活也 牲長｜ ● 英 嚶｜哥 蜓蜻｜ 英今人名

● 門 搣手取也 ● 語 諔言不揚也

● 出 青藍｜｜盲 菁染青者 星天上星辰 腥物未熟也

● 喜 〇

更上上聲 耞字韻

柳○　邊○

求耞連|打穀　骾骨入喉中　去○

地打打也　頗○

他○　曾井汲水

入○　時省輕||城

英○　門猛|捷

語雅整|又儒|不俗也　出醒睡覺也　灔襯|美也

喜○

更上去聲　徑字韻

柳企牽踵相望　邊○

求徑山|　桱楹|　去○

地盯|矃過視拒人兒　侘|試假為　頗柄件數也

●他撐物有歪邪以柱丨之	●曾争偏執己是
●入〇	●時姓丨名性心丨
●英〇	●門〇
●語〇	●出〇
●喜唪利害聲	
更上入聲〇字韻	
●柳〇	●邊〇
●求〇	●去喀欬聲
●地〇	●頗〇
●他〇	●曾〇
●入〇	●時〇
●英〇	●門咩羊聲蝆草名蟲名

·語筴筋夾取也 ·出〇

·喜〇

更下平聲〇字韻

·柳挵｜布 ·邊棚瓜｜平｜正臺戲｜

·求〇 ·去〇

·地捏｜落去也桯桶｜ ·頗彭姓也抨彈也

·他程姓也瞪｜目騰｜上高 ·曾晴雨止日出

·入〇 ·時〇

·英楹屋架角者

·門夜晝之對也冥｜昏明｜年盲青｜無目芒稻麥之須鋩刀｜籃酒｜菜｜

·語〇 ·出〇

·喜〇

更下上聲（⿰麥加字韻）全韻與上上同

更下去聲○字韻

•柳儜（夷語相呼之聲）矃（打｜） •邊病（疾甚）

•求○ •去○

•地鄭（姓也）抦（持也） •頗○

•他○ •曾靜（平｜暗｜）

•入○ •時○

•英○ •門罵（以語傷人）

•語硬（與較相反） •出錚（鑼聲）

•喜○

更下入聲○字韻

•柳○ •邊○

·求○　·去嗄嗽聲
·地○　·頗○
·他○　·曾○
·入○　·時○
·英○　·門脉手上|一應身内病
·語夾挾持也挾脚目也　·出○
·喜○

32 褌上平聲 褌字韻

·柳軁身|曲也　·邊方姓也楓|樹風時|雨
·求褌小袴也光明亮　·去○
·地○　·頗鐇斧屬
·他○　·曾甎瓦屬磚仝上

●入○　●時孫姓也痠丨痛丨悶丨軟酸丨味

●英揹掌擊也　●門麼小之極也

●語○　●出川尻丨村鄉丨栓車丨穿貫也

●喜荒田園不治昏冥丨⿰虫荒鳥丨蛇名⿰号食飢丨

褌上上聲○捲字韻

●柳軟不硬也又痠丨也　●邊○

●求捲丨摺丨鑿管米丨又鰀丨魚名　●去○

●地返還也轉丨身丨灣　●頗○

●他○　●曾○

●入○　●時水丨牛損丨失丨壞

●英抏抱也阮姓也笎丨仔秤物買賣也　●門晚暗也日將落山之時⿱艹吻藥丨斷腸草也

●語○　●出⿰口春丨刺

•喜〇

褌上去聲〇卷字韻

•柳趡走｜　•邊〇

•求卷手｜考｜絭佩神明香火者貫穿也｜耳桊｜鼻上繩串錢｜成｜　•去勸相｜

•地頓飯｜又｜水也　•頗⿰氵退水潮返也

•他毨毛｜褪卸皮也　•曾鑽穿物之錐鱒魚｜入泥

•入〇　•時算計數也繏縛緊也

•英〇　•門〇

•語〇　•出串穿也穿貫也釧花｜⿱⺮舛以竹｜物

•喜〇

褌上入聲全韻俱空音

褌下平聲〇字韻

•柳柚果名⿰木右仝上密｜　•邊○

•求○　•去○

•地斷兩｜　•頗○

•他傳｜法｜道塠土塊　•曾全不缺也

•入○　•時○

•英黃｜色｜牛又姓癀病｜疸又｜种褌師公作｜彎黎｜　•門門｜户面｜

•語○　•出○

•喜園田園磺硫｜

褌下上聲捲字韻全韻與上上同

褌下去聲○字韻

•柳卵禽所生者蛋仝上　•邊飯炊米以食

•求○　•去○

•地斷不續也 •頗○

•他閫門| •曾饌|乳 鬈毛轉㡯

•入○ •時○

•英暈日月旁氣又日不明 •門問|事|話

•語○ •出○

•喜圂匏| 搵|笔 遠不近

褌字下入聲全韻俱空音

33茄上平聲○字韻

•柳○ •邊摽肥船招| 膔馬|脂|肥兒

•求茄海腔 •去○

•地○ •頗○

•他挑|工|夫 •曾招相邀也|狀 蕉芽|果名

●入〇　●時燒（火焚也）煖（衣服不冷）熱（飯食不冷）暖（日氣温也）相（｜害｜借）

●英腰（｜身）么（單点也）邀（相｜）　●門〇

●語〇　●出哨（利口）⿰肖鳥（｜鷄）霄（地名）

●喜〇

茄上上聲〇字韻

●柳眽（目略視也）　●邊表（進｜）

●求〇　●去〇

●地〇　●頗〇

●他〇　●曾〇

●入〇　●時小（細｜）

●英扷（打也）　●門〇

●語〇　●出〇

·喜〇

茄上去聲 叫字韻

·柳〇　　·邊〇

·求叫呼也　　·去徼做也

·地釣｜魚　　·頗票牌｜剽輕｜僄仝上漂｜布

·他糶｜米　　·曾照明所燭也醮做｜祈福

·入〇　　·時杪幼木也鞘刀｜

·英〇　　·門〇

·語〇　　·出笑喜而解言曰｜

·喜嗃喝鳥獸也

茄上入聲 腳字韻

·柳〇　　·邊〇

●求 腳工|裹|

●去 拾|得物也

●地 挓|出来 着棋|輸贏机|

●頗 ○

●他 ○

●曾 借那| 焟|火 斫|樹 摭基| 稷犂|

●入 ○

●時 惜相|

●英 勺十秒為| 億意度也 妁首| 約斷|

●門 ○

●語 ○

●出 尺十寸為尺 哧鵝鴨食也 螫毛|虫

●喜 ○

茄下平聲 茄字韻

●柳 浰小蛀

●邊 ○

●求 茄菜名 橋渡水

●去 ○

●地 長長泰縣名 潮海||州

●頗 萍浮生水上 瓢木| 薸|菰

●他 ○

●曾 ○

●入〇　●時〇

●英搖（|擺）窑（瓦|）　●門描（|字|畫）

●語蟯（蜩之大者）　●出蛲（江|）

●喜〇

茄下上聲〇字韻　全韻與上上同

茄下去聲蕎字韻

●柳〇　●邊〇

●求蕎（蕗|蕫菜）轎（肩舉也）簥（仝上）　●去〇

●地趙（姓也）嘂（以言阿人）　●頗〇

●他〇　●曾噍（齧也）

●入尿（小便）　●時〇

●英〇　●門廟（庵|）

上半	下半
• 語〇	• 出〇
• 喜〇	
茄下入聲〇字韻	
• 柳略得|	• 邊〇
• 求〇	• 去〇
• 地着是也	• 頗〇
• 他〇	• 曾石甎十斗為|又姓
• 入傗不伸也 抐仝上	• 時⿰月席脚| 羔臭|
• 英〇	• 門〇
• 語〇	• 出席薦|睡具
• 喜葉枝|	

34梔上平聲梔字韻

●柳 拈拾也取也 ●邊 邊旁也

●求 梔黃| 鹻用以为煖及浣衣者 ●去 ○

●地 甜甘味 ●頗 篇文數也 便|宜物過宜也

●他 天|地 添增也 ●曾 湔|洗 氈|帽|條 鬊毛聚也 毡仝氈

●入 ○ ●時 茲草茲

●英 㝱呼小兒睡 ●門 彌佛名又僧名曰沙|

●語 ○ ●出 鮮新也不拘 [illegible]插也

●喜 哼潺聲 誒可惡之甚

梔上上聲 ○ 字韻

●柳 伱汝也 伲同上 [illegible]言以示物 染以色皂物 ●邊 匾不圓也

●求 ○ ●去 ○

●地 ○ ●頗 ○

●他○　●曾尐（幼｜）茈（｜薑）紫（仝上）少（年小曰｜）

●入禰（親廟也祖｜也父廟曰｜）爾（｜我）尔（同上）乳（豆｜牛｜）　●時○

●英○　●門○

●語○　●出淺（布不深青）

●喜○

梔上去聲　見字韻

●柳○　●邊變（改易也又｜美）

●求見（看｜｜面）　●去○

●地○　●頗片（拆開也又瓦｜）

●他○　●曾摺（插也）箭（矢也）

●入○　●時扇（引風者又門也）

●英燕（鳥名）　●門○

●語〇 ●出刺穿也

●喜〇

梔上入聲〇字韻

●柳䁥目動兒 ●邊〇

●求〇 ●去〇

●地〇 ●頗〇

●他〇 ●曾〇

●入〇 ●時〇

●英〇 ●門咩羊鳴 乜番姓又俗曰是也 麼甚｜

●語〇 ●出職｜｜啼

●喜〇

梔下平聲墘字韻

•柳尼和也女僧呢一喃言不了也怩忸|心慚泥水和土也又污也妮女字詎呼人之聲旎旖|旌旗從風年|歲

咔多囉|連黃一藥名又姓黏倒|名寔可食 •邊〇

•求墘邊也 •去拎把也鉗鉄|

•地纏縛也 •頗〇

•他〇 •曾錢|鈔又姓損|引也

•入〇 •時踶橄欖|

•英丸藥丸圓團|員不匾 •門綿為布者𡅏咒語

•語〇 •出〇

•喜弦弓|絃琴||粽|箴

梔下上聲〇字韻全韻與上上同

梔下去聲〇字韻

•柳女以女嫁人曰|泥不通蒞俗莅字[illegible]咒語莅臨也涖仝上莉木|花名 •邊辮交也

●求〇　●去〇

●地淀滿也　●頗⿰比欠氣出聲砒霜|鼻|孔知香臭也

●他紩縫也⿰糸屖刺|針縫也　●曾〇

●入〇　●時豉|豆

●英異怪|寺佛|院翰林|孤寡|　●門謎隱語媚嫵|諂|又愛也又親順也麵麥粉麪俗麵字

●語〇　●出栻木匠畫長短木者|

●喜嚊喘息聲硯磨墨者

梔下入聲〇字韻

●柳〇　●邊〇

●求〇　●去〇

●地要不|　●頗〇

●他〇　●曾〇

35 董上平聲 董字韻

●入○ ●時○

●英○ ●門 物類極多也

●語○ ●出○

●喜○

●柳○ ●邊○

●求 薑辛辣之菜 荊⿰木甫|木名 ⿰虫畺未|蟋蟀別名 韁馬轡 麠鹿屬無角 ●去 腔|調

●地 張|樣又姓 ●頗○

●他○ ●曾 樟木名 章文章 漳浦縣名 鱆魚名 浆滔浆洗浆

●入○ ●時 相|思 廂隅| 箱籠| 傷着| 鑲|嵌

●英 鶯鸎鶯 螉蠮|細腰蟲也 ●門○

●語○ ●出 菖蒲菖 猖猖魔神 鯧魚名 鎗鎗刀

•喜　香（香火）鄉（|里）

董上上聲○字韻

•柳　兩（十錢曰兩）　•邊　○

•求　○　•去　○

•地　長（家|里|又|老）　•頗　○

•他　○　•曾　蔣（姓也）掌（手掌）槳（船具）

•入　○　•時　賞（|賜|花）想（思|）鯗（魚|鴨|）

•英　舀（|木）養（|飼）礢（瓦|）　•門　○

•語　○　•出　搶（奪也）廠（壁也無屋）

•喜　○

董上去聲○字韻

•柳　○　•邊　○

●求〇 ●去〇

●地帳放| 漲水溢 脹飽| 瘬|滿 ●頗〇

●他〇 ●曾障圓| 醬豆|

●入〇 ●時相風鑑也

●英〇 ●門〇

●語〇 ●出唱|歌|曲

●喜向|生

薑上入聲全韻俱空音

薑下平聲 強字韻

●柳娘聲称也 孃母也 糧米|錢| 粮全上 量商| 梁楹| 涼|傘 ●邊〇

●求强勝也 ●去〇

●地場考|教|賭| ●頗〇

●他〇 ●曾螿|蜡

●入〇 ●時常平|漡清濃也

●英羊牛|洋海|楊姓也瘍爛也鎔以火|物 ●門〇

●語〇 ●出蘠|薇花名牆|壁颺|米

●喜〇

薑下上聲〇字韻全韻與上上同

薑下去聲響字韻

●柳量秤之大者讓相| ●邊〇

●求響語不遜也彊|服 ●去儉口不敢乱食也

●地丈姑姨之夫曰| ●頗〇

●他〇 ●曾上登也癢痛|

●入〇 ●時尚和|想思|

•英樣｜式樣樹木發｜　•門〇

•語〇　•出匠作工傭｜傴象獅｜汲｜水

•喜稆穀｜穛也

蕫下入聲全韻俱空音

36驚上平聲驚字韻

•柳〇　•邊兵天｜惡宿

•求驚恐也駭也京｜城椋金｜木名　•去〇

•地敼撞也觸也朾水茭｜　•頩箳皆｜骿尻脊

•他聽耳聆廳｜堂　•曾正｜月精妖｜

•入〇　•時聲｜音

•英纓帽｜　•門〇

•語〇　•出⿰石虛石也笸簸｜

● 喜 兄 |弟 馨 |味 㾝 鼻孔氣之病也

驚上上聲 囝字韻

● 柳 領 頸|保| 嶺 山| ● 邊 丙 十干名 餅 麵|

● 求 囝 |兒 子 |孫 ● 去 ○

● 地 鼎 造飯具 鐤 仝上 ● 頗 肦 片也

● 他 奵 媌| 艼 蘇|糊| ● 曾 飷 無味 ⿱漸食 食味菹也

● 入 ○ ● 時 ○

● 英 影 形| ● 門 ○

● 語 ○ ● 出 且 借舊之詞也又苟且姑| 請 延也|酒

● 喜 ○

驚上去聲 鏡字韻

● 柳 ○ ● 邊 併 兼也相|

•求鏡照面者又目丨 •去慶賀丨

•地椗船具 •頗〇

•他痛疼丨 •曾正平丨

•入〇 •時聖靈丨

•英映照也 •門〇

•語〇 •出趆脚斜立也倩夾丨僱丨

•喜向丨開

鶯上入聲全韻俱空音

鶯下平聲行字韻

•柳〇 •邊抄丨字

•求行丨路步住岩地名筕篩丨 •去〇

•地呈丨告埕穀丨程送下庭門屏之徑 •頗堋山丨磅硬丨

● 他 程姓也 ● 曾 成丨事 情人丨親丨

● 入 ○ ● 時 城丨池 成丨家几丨

● 英 營軍丨 贏輸丨 捷戰勝曰丨 ● 門 名丨聲丨姓 樠柴丨

● 語 迎丨接丨神 ● 出 成丨持丨物

● 喜 惶驚丨

驚下上聲 囝字韻全韻與上上同

驚下去聲 件字韻

● 柳 岭山丨 ● 邊 ○

● 求 件物丨 健有力丨身 楗籬丨 ● 去 ○

● 地 定平丨做丨 錠金丨銀丨 ● 頗 ○

● 他 静榮結也 ● 曾 争戲名

● 入 ○ ● 時 樬栗樬 墭盛鹽器 䈬箋籃

•英 颺風｜　•門 命性｜算｜

•語 〇　•出 〇

•喜 艾灸人者火｜

驚下入聲全韻俱空音

37 官上平聲 官字韻

•柳 〇　•邊 搬｜徙 般樣｜

•求 官｜府 棺｜材 肝心｜ 冠鳳｜ 關｜門　•去 寬不緊

•地 單｜孤 癉火熮一小兒病 簞竹｜　•頗 潘姓也

•他 灘水急流也 攤搣｜賭名　•曾 煎｜茶

•入 〇　•時 山高土

•英 安｜稳 鞍馬｜ 垵｜澳　•門 幔胡衣也即番｜ 庄屋半间曰｜衰 帽衣服不帶

•語 〇　•出 櫰鑰｜

●喜歡喜|

官上上聲 寡字韻

●柳雫|物 ●邊坂地名

●求寡小也孤也 錍金銀銅錫鐵|璞也 擀以手伸物 ⿰亻咼倆|行皃 趕打|追| 礦五寶之璞連子石者 ●去○

●地訦誠實不欺 ●頗○

●他抯拂也 ●曾盞杯也 琖亦杯也

●入○ ●時產|內

●英 ●門满盈足也

●語○ ●出杊狗|木名

●喜⿱亼⿰果果義闕 撊|洗

官上去聲 觀字韻

●柳○ ●邊半中分也 絆繩也

●求觀道丨宮丨灌丨酒鑵丨嘴鋤名鸛鳥名
●去看視也寬不緊

●地旦戲丨
●頗判丨断又通丨官名

●他炭火炭湠湠漫
●曾讚贈家調名

●入〇
●時傘雨傘散分也線針丨又姓

●英案丨棹晏不早也
●門〇

●語〇
●出門門丨穿丨道

●喜旦明旦日

官上入聲全韻俱空音

官下平聲寒字韻

●柳欄丨閘
●邊磐石丨盤丨碟蹁脚丨蹣踰也丨山丨墻

●求寒丨瀧
●去〇

●地壇祭場彈丨琴檀丨香團丨員
●頗枰棊丨

●他○　●曾泉水泉灷火熮殘餘物也

●入○　●時○

●英○　●門麻穀名黃｜瞞｜背鰻｜魚

●語○　●出○

●喜橫不直蘞芋｜桁橫木也

官下上聲寡字韻全韻與上上同

官下去聲汗字韻

●柳爛太熟也妹雞｜涎口中液　●邊○

●求汗身液揞援也綰繫也即器耳也攜｜物　●去○

●地叚片｜彈｜子惰不勤撣指｜之也　●頗伴相｜

●他○　●曾濺滮也賤物不貴也

●入○　●時○

●英旱（不雨）換（交易） ●門○

●語○ ●出⿰魚旋（魚之小者）

●喜岸（田岸）按（據也）

官下入聲全韻俱空音

38鋼上平聲 鋼字韻

●柳○ ●邊○

●求鋼（詬|）崗（地名）扛（对牽也）㨴（|轎） ●去康（姓也）糠（米|）

●地當（紙|石|） ●頗○

●他湯（瀼|又姓） ●曾莊（田室又姓）妝（飾也|艳）贜（官府受賄追|）裝（|貨）庄（田|貨|）

●入○ ●時喪（|孝）桑（樹名）霜（|雪糖|）

●英央（中|）秧（禾苗） ●門○

●語○ ●出倉（粟|）艙（船|）瘡（板|）

●喜方藥|坊城居里名荒飢|

鋼上上聲○字韻

●柳○ ●邊掚|示

●求○ ●去○

●地漲潮水至也 ●頗○

●他○ ●曾○

●入○ ●時傸惡也

●英影樹|又| ●門○

●語○ ●出○

●喜呟不悦聲

鋼上去聲擯字韻

●柳○ ●邊○

●求槓籠｜焵堅刀也鋼硬铁也 ●去藏不露也

●地當典當 ●頗〇

●他湯熱水沃也盪義闕 ●曾〇

●入〇 ●時〇

●英〇 ●門〇

●語〇 ●出𨓈走｜

●喜〇

鋼上入聲全韻俱空音

鋼下平聲〇字韻

●柳郎郎侍廊兩｜堂之东西所也榔檳｜蓈薯｜染衣筤箋｜䯧肉｜ ●邊傍附也

●求〇 ●去〇

●地唐姓也塘魚｜鋪｜長不短也堂廳｜腸肚｜ ●頗〇

•他糖飴也 •曾○

•入○ •時牀籠｜

•英○ •門○

•語○ •出床眠｜牀仝上

•喜防閑｜

鋼下上聲○字韻全韻與上上同

鋼下去聲○字韻

•柳浪波｜ •邊傍倚｜

•求○ •去○

•地丈十尺曰｜撞擊也盪洗｜ •頗○

•他碭磁｜䯖手｜足｜ •曾狀告｜藏殿｜轉｜臟肝心五｜

•入○ •時○

•英〇　•門〇

•語〇　•出〇

•喜〇

鋼下入聲全韻俱空音

39伽上平聲

伽字韻

•柳〇　•邊〇

•求迦梵語　•去伽梵語茄菜名骳手足疾又胞|手足曲疾

•地負麥|餜又糞|　•頗〇

•他推|托胎懷|　•曾遮要也断也蔽也攔也遏也胃也蓋也

•入〇　•時闍僧曰|黎闍闍黎今用|黎

•英腒|骳手足曲病　•門〇

•語〇　•出〇

•喜〇

伽上上聲〇字韻

•柳〇 •邊〇

•求〇 •去〇

•地短不長也 •頗〇

•他〇 •曾姐古姊字今稱呼之詞者|箇此也這音彥俗以為|箇者

•入若浮屠所居而或謂之蘭|謂空靜処也又般一猶智慧也惹詭也亂也又引著也 •時〇

•英矮不高 •門〇

•語〇 •出〇

•喜〇

伽上去聲〇字韻

•柳〇 •邊〇

●求〇 ／ ●去〇

●地〇 ／ ●頗〇

●他退（開｜｜後） ／ ●曾嗻（語詞）

●入〇 ／ ●時〇

●英〇 ／ ●門〇

●語塊（几｜）處（值｜） ／ ●出脆（物易斷也）

●喜〇

伽上入聲 葜字韻

●柳溧（｜水地名） ／ ●邊八（数名）捌（八的大寫）

●求莢（豆｜）鍥（刈草鐮也）裌（｜裘） ／ ●去瞽（目睡也）篋（箱也）

●地啄（鳥啄物也） ／ ●頗〇

●他〇 ／ ●曾節（年｜）揤（捽也掐也梭也）

●入〇　●時雪霜｜攝｜縫

●英瘱病蝕也　●門〇

●語〇　●出戚挾｜撮兩指｜也

●喜歇休息也

伽下平聲 僪字韻

●柳螺蚌屬　●邊〇

●求僪脚手病也⿸疒矞仝上　●去〇

●地〇　●頗〇

●他〇　●曾〇

●入〇　●時〇

●英〇　●門〇

●語个箇也　●出〇

•喜〇

伽下上聲〇字韻全韻與上上同

伽下去聲〇字韻

•柳〇　•邊〇

•求〇　•去〇

•地袋布｜遞傳｜代几｜父子相傳　•頗〇

•他〇　•曾坐椅上｜也

•入〇　•時〇

•英〇　•門賣買｜

•語〇　•出坐｜貨

•喜係某物

伽下入聲〇字韻

●柳笠雨具　　●邊拔丨起

●求〇　　●去〇

●地奪爭取也　　●頗〇

●他提手携　　●曾截丨斷絕丨種

●入〇　　●時褯領丨小兒涎衣

●英狹不廣也唷喉聲　　●門〇

●語〇　　●出〇

●喜峽地名

40閒上平聲　閒字韻

●柳〇　　●邊〇

●求閒厦腔　　●去⿰口虔丨丨歡樂之聲

●地〇　　●頗〇

●他○	●曾○
●入○	●時○
●英喫丨嘔小兒言也	●門嘪俗號
●語○	●出○
●喜○	
閂上上聲醂字韻	
●柳乃詞之緩也又汝也迺廼俱仝上嬭乳也乳母妳仝上奶母曰娘奶	●邊○
●求醂丨皺又也酢面也老	●去○
●地○	●頗歹不好
●他○	●曾○
●入○	●時○
●英○	●門買市也售人之債也

•語齩語也 •出〇

•喜〇

閒上去聲〇字韻

•柳〇 •邊〇

•求〇 •去〇

•地〇 •頗〇

•他〇 •曾〇

•入〇 •時〇

•英〇 •門〇

•語〇 •出〇

•喜歡｜｜鼻氣之聲

閒上入聲全韻俱空音

閒下平聲○字韻

●柳脫乳也楚謂妳為丨孻廣東謂老人所生子曰丨　●邊〇

●求〇　●去鼐大鼎

●地〇　●頗〇

●他〇　●曾〇

●入〇　●時〇

●英〇　●門⿰買見小兒

●語〇　●出〇

●喜俻痛聲

閒下上聲⿰酉奈字韻全韻與上上同

閒下去聲○字韻

●柳挕姓也奈丨何争丨柰果名耐忍丨⿰而刂耐丨又忍賴持也幸也利也藉也又姓糲粗也糲仝上藾蘋也蒿也

癩疥也惡疾 蠣蚌屬 籟三孔籥天｜地｜人｜也 鼐大鼎 瀨湍也水流沙上也 攋聚集 ・邊〇

・求〇 ・去〇

・地〇 ・頗〇

・他〇 ・曾〇

・入〇 ・時〇

・英〇 ・門賣貿易買｜ 侏夷名東藥 邁老也遠行過也

・語艾草名可炙病也又五十日｜又少｜｜幼也又安也 乂蔓草也又別作刈非也只俊｜才也又与忍同 㐆創｜懲也 刈割也

・出〇 ・喜〇

閒下入聲全韻俱空音

卷七終

彙集雅俗通十五音

卷八字母

姑姆光門糜

嘄箴爻扛牛

姑姆光門糜嗚箴爻扛牛 齿音

41 姑上平聲 鼻音〇字韻

•柳〇 •邊〇

•求〇 •去〇

•地〇 •頗〇

•他〇 •曾〇

•入〇 •時〇

•英〇 •門〇

•語〇 •出〇

•喜〇

姑上上聲 鼻音〇字韻

•柳〇努 勉也用力 •邊〇

·求○ ·去○

·地○ ·頗○

·他○ ·曾○

·入○ ·時○

·英○ ·門○

·語○ 五數也又姓 忤｜逆 耦兩也奇也 仵偶也 伍五人聚也行｜又姓 迕違也逆也遇也 午辰名屬馬又｜縱｜橫曰旁｜

偶伉儷也並也合也對也諧也雙也適也傭也像也 ·出○

·喜○

姑上去聲鼻音全韻俱空音

姑上入聲全韻俱空音

姑下平聲鼻音○字韻

·柳 傚賤也又効力也 奴婢奴 駑｜駘下乘 ·邊○

•求〇 •去〇

•地〇 •頗〇

•他〇 •曾〇

•入〇 •時〇

•英〇 •門〇

•語〇 •出〇

•喜〇

姑下上聲 鼻音 全韻俱上上同

姑下去聲 鼻音〇字韻

•柳怒恚也憤也檽檷丨木名耨深耕易丨即治田器 •邊〇

•求〇 •去〇

•地〇 •頗〇

·他○ ·曾○

·入○ ·時○

·英○ ·門○

·語五名數午時辰仵|作驗屍 ·出○

·喜○

姑下入聲全韻俱空音

42姆上平聲○字韻

·柳○ ·邊○

·求○ ·去○

·地○ ·頗○

·他○ ·曾○

·入○ ·時○

●英○ ●門○

●語○ ●出○

●喜○

姆上上聲○字韻

●柳○ ●邊○

●求○ ●去○

●地○ ●頗○

●他○ ●曾○

●入○ ●時○

●英○姆水—又俗呼伯叔之妻曰— ●門○

●語○ ●出○

●喜○

姆上去聲全韻俱空音

姆上入聲全韻俱空音

姆下平聲○字韻

•柳○ •邊○

•求○ •去○

•地○ •頗○

•他○ •曾○

•入○ •時○

•英○梅果名 •門○

•語○ •出○

•喜媒人丨茅草丨

姆下上聲全韻與上上同

姆下去聲（下入俱空音）

•柳〇　•邊〇

•求〇　•去〇

•地〇　•頗〇

•他〇　•曾〇

•入〇　•時〇

•英不（不要也）　•門〇

•語〇　•出〇

•喜〇

43光上平聲（光字韻）

•柳〇　•邊〇

•求光（||沒有）　•去〇

·地〇	·頗〇
·他〇	·曾〇
·入〇	·時〇
·英嚾喧囂聲	·門〇
·語〇	·出〇
·喜〇	
光上上聲〇字韻	
·柳〇	·邊〇
·求〇	·去〇
·地〇	·頗〇
·他〇	·曾〇
·入〇	·時〇

•英〇 •門〇

•語〇 •出〇

•喜鈁水銀子也

光上去聲全韻俱空音

光上入聲〇字韻

•柳〇 •邊〇

•求〇 •去〇

•地〇 •頗〇

•他〇 •曾〇

•入〇 •時〇

•英叱鳥聲 •門〇

•語〇 •出〇

●喜○

光下平聲全韻俱空音

光下上聲全韻與上上同

光下去聲○字韻

●柳○　●邊○

●求○　●去○

●地○　●頗○

●他○　●曾○

●入○　●時○

●英○　●門○

●語○　●出闖棍丨

●喜○

光下入聲○字韻

•柳○　•邊○

•求吷也欿　•去○

•地○　•頗○

•他○　•曾○

•入○　•時○

•英○　•門○

•語○　•出○

•喜○

44門上平聲○字韻

•柳○　•邊○

•求○　•去○

•地〇 •頗〇

•他〇 •曾〇

•入〇 •時〇

•英門(聲門) •門〇

•語〇 •出〇

•喜〇

門上上聲全韻俱空音

門上去聲全韻俱空音

門上入聲〇字韻

•柳〇 •邊〇

•求〇 •去〇

•地〇 •頗〇

•他〇　•曾〇

•入〇　•時⿰口冊（變音）

•英轕（車聲）　•門〇

•語〇　•出〇

•喜〇

門下平聲全韻俱空音

門下上聲全韻俱空音

門下去聲〇字韻

•柳〇　•邊〇

•求〇　•去〇

•地〇　•頗〇

•他〇　•曾〇

•入○	•時樣果名
•英○	•門○
•語○	•出○
•喜○	
門下入聲○字韻	
•柳○	•邊○
•求○	•去○
•地○	•頗○
•他○	•曾○
•入○	•時○
•英⿵門曷門聲	•門○
•語○	•出○

•喜〇

45靡上平聲全韻俱空音

靡上上聲全韻俱空音

靡上去聲全韻俱空音

靡上入聲〇字韻

•柳〇　•邊〇

•求〇　•去〇

•地〇　•頗〇

•他〇　•曾〇

•入〇　•時〇

•英〇　•門妹女弟在後生者沫水名又微晦也昧暗丨

•語〇　•出〇

•喜〇

糜下平聲〇字韻

•柳〇　•邊〇

•求〇　•去〇

•地〇　•頗〇

•他〇　•曾〇

•入〇　•時〇

•英〇　•門糜粥也虛也

•語〇　•出〇

•喜〇

糜下上聲全韻俱空音

糜下去聲全韻俱空音

糜下入聲全韻俱空音

46嘄上平聲 嘄字韻

•柳猫捕鼠也　•邊〇

•求嘄叫聲也　•去〇

•地〇　•頗〇

•他〇　•曾〇

•入〇　•時〇

•英〇　•門〇

•語〇　•出〇

•喜〇

嘄上上聲〇字韻

•柳鳥飛鳥揔名蔦寄生草也褭美也又偠|舞者又身若環也　•邊〇

·求○	·去○
·地○	·頗○
·他○	·曾○
·入○	·時○
·英○	·門○
·語○	·出○
·喜○	

嚊上去聲○字韻

·柳酢｜酴面皺也老也	·邊○
·求○	·去○
·地○	·頗○
·他○	·曾○

•入〇　•時〇

•英〇　•門〇

•語嘋聲眾　•出〇

•喜〇

嘄上入聲全韻俱空音

嘄下平聲全韻俱空音

嘄下上聲全韻與上上同

嘄下去聲全韻俱空音

嘄下入聲〇字韻

•柳〇　•邊〇

•求〇　•去〇

•地〇　•頗〇

•他○　•曾○

•入○　•時○

•英○　•門○

•語岋動搖之皃⿰虫岌蟲行　•出○

•喜○

47 箴上平聲

○字韻

•柳○　•邊○

•求○　•去○

•地○　•頗○

•他○　•曾箴規戒——簪首笄連冠于髮也⿱罒豕也疾也

•入○　•時森眾木皃參人參藥名宋幽深也

•英○　•門○

•語〇　•出〇

•喜〇

箴上上聲　〇字韻

•柳〇　•邊〇

•求〇　•去〇

•地〇　•頗〇

•他〇　•曾怎何也

•入〇　•時〇

•英〇　•門〇

•語〇　•出〇

•喜〇

箴上去聲　〇字韻

·柳○	·邊○
·求○	·去康咳嗽聲
·地○	·頗○
·他○	·曾譖讒毀也旁人曰丨又不信也僣仝上
·入○	·時○
·英○	·門○
·語○	·出○
·喜○	
箴上入聲○字韻	
·柳○	·邊○
·求○	·去○
·地喥咤也啒噍舌	·頗○

●他○ ●曾噌（罄也）

●入○ ●時○

●英○ ●門○

●語○ ●出○

●喜○

箴下平聲 ○字韻

●柳○ ●邊○

●求○ ●去○

●地井（物投井中之聲） ●頗○

●他○ ●曾○

●入○ ●時○

●英○ ●門○

語〇　出〇

喜〇

箴下上聲全韵與上上同

箴下去聲全韻俱空音

箴下入聲全韻俱空音

48 爻上平聲全韻俱空音

爻上上聲〇字韻

柳撓屈也惱恨痛也　邊〇

求〇　去〇

地〇　頗〇

他〇　曾〇

入〇　時〇

•英○ •門○

•語○ •出○

•喜欲||犬吠

爻上去聲全韻俱空音

爻上入聲全韻俱空音

爻下平聲○字韻

•柳撓也亂搔|鐃小鉦小鈸呶誰聲怓惛|心亂 •邊○

•求○ •去○

•地○ •頗○

•他○ •曾○

•入○ •時○

•英○ •門矛兵器茅草也蟊食苗蟲也螯|螌鍪兜|首鎧

•語爻卦也又交也皎也肴菹醢也俎實也餚饌也崤山名藙茅根芆仝上虓虎欲揚之聲也殽仝肴又肉帶骨也淆水濁雜也
⿰口肴聲也⿰木肴桃子|梔
•出○　•喜倄剌也亦曰痛声
爻下上聲全韻與上上同
爻下去聲○字韻
•柳○　•邊○
•求○　•去○
•地○　•頗○
•他○　•曾○
•入○　•時○
•英○　•門貌容|皃⿰豸頁俱容貌字⿰亻苗好皃
•語樂好也欲也藕蓮|　•出○

•喜〇

爻下入聲全韻俱空音

49 扛上平聲〇字韻

•柳〇 •邊〇

•求〇 •去〇

•地〇 •頗〇

•他〇 •曾〇

•入〇 •時〇

•英〇 •門菌 草名

•語〇 •出〇

•喜訶 娑婆|梵语也 薅 拔去田草 蒿 草名有白蒿青蒿牡蒿臭蒿等多種

扛上上聲〇字韻

·柳娜如—美貌又舒遲也　·邊○
·求○　·去○
·地○　·頗○
·他○　·曾○
·入○　·時○
·英○　·門扪待也蓩毒草示細小懡慙也
·語我自谓也己身也找戈也硪山高貌　·出○
·喜好美也作也相善也火五行之一夥多也

扛上去聲○字韻

·柳○　·邊○
·求○　·去○
·地○　·頗○

•他○ •曾○

•入○ •時○

•英○ •門○

•語○ •出○

•喜好愛也不釋貨金玉曰—又與物以與人曰—耗滅也虛也秏稻之美也藺婆—藥名

扛上入聲○字韻

•柳○ •邊○

•求○ •去○

•地○ •頗○

•他○ •曾○

•入○ •時○

•英○ •門麼么—細小之謂又什—也広仝上枂持去也

•語〇　•出〇

•喜〇

扛下平聲〇字韻

•柳那何也多也又—借㑚見釋典哪儺人之聲儺驅疫猸山名猱犿屬毛柔而長腪雞骨草胭醜兒懦柔弱稬稻之黏者可爲酒

穤仝上糯俗穤同　•邊〇

•求〇　•去〇

•地〇　•頗〇

•他〇　•曾〇

•入〇　•時〇

•英〇

•門〇毛眉屬之類又獸文草也又姓也芼草復蔓也又菜也髦髮也俊也又髻—童子垂髮也弥也又并—謂之輕也旄牛尾酕—醄醉也摩研也相切

磨治也魔狂鬼能迷人者

•語〇 •出〇

•喜〇

扛下上聲全韻與上上同

扛下去聲〇字韻

•柳 那語餘詞 哪語助詞 㖏全上 二數名 •邊〇

•求〇 •去〇

•地〇 •頗〇

•他〇 •曾〇

•入〇 •時〇

•英〇

•門 耄惽忘也又八九十歲曰｜ 眊老｜又目不明白｜ 冒覆也犯也假稱曰｜ 冐俗冒容 媢嫉妒 㥃貪也 芼熟而薦之

•語〇 •出〇

•喜○

扛下入聲○字韻

•柳○ •邊○

•求○ •去○

•地○ •頗○

•他○ •曾○

•入○ •時○

•英○ •門麻薄皮也膜麻也

•語○ •出○

•喜○

50牛上平聲牛之上平聲鼻音呼全韻俱空音

牛上上聲○字韻

•柳肘臂節也　•邊○

•求○　•去○

•地○　•頗○

•他○　•曾○

•入○　•時○

•英○　•門○

•語○　•出○

•喜○

牛上去聲全韻俱空音

牛上入聲全韻俱空音

牛下平聲○字韻

•柳○　•邊○

•求○ •去○

•地○ •頗○

•他○ •曾○

•入○ •時○

•英○ •門○

•語牛耕畜也又牽—傳名又姓 芊藥名—膝 •出○

•喜○

牛下上聲全韻與上上同

牛下去聲全韻俱空音

牛下入聲全韻俱空音

卷八終